DU MÊME AUTEUR
CHEZ ODILE JACOB

Petit guide de l'amour heureux à l'usage des gens (un peu) compliqués, 2009.

Comment ne pas se gâcher la vie, 2003.

Dr STÉPHANIE HAHUSSEAU

TRISTESSE, PEUR, COLÈRE

Agir sur ses émotions

Préface par Pr Pierre Philippot

Odile Jacob

POCHES

3, rue Auguste-Comte, 75006 Paris

www.odilejacob.fr

ISBN : 978-2-7381-2598-9
ISSN : 1621-0654

À Fabienne

« Celui qui ne s'émeut pas a l'âme d'un barbare.
Ou n'en a du tout point. »

François de MALHERBE

Préface

De notre conception à notre mort, notre vie est ponctuée par l'émotion. Celle-ci se manifeste systématiquement dès qu'un événement revêt la moindre signification personnelle, qu'il s'agisse de notre identité ou des buts que nous poursuivons, même ci ceux-ci ne sont pas toujours conscients. L'émotion guide nos choix, structure nos souvenirs autobiographiques, nous donne le sentiment d'exister et la conscience de nous-même. Plus que tout autre processus psychologique, l'émotion détermine notre identité et notre rapport à l'autre.

Il est donc très surprenant de constater à quel point l'émotion a été délaissée par les grands courants psychothérapeutiques. Certaines approches ont réduit le concept d'émotion à celui d'affect et l'ont considéré comme le simple produit de décharges pulsionnelles et de représentations – parfois biaisées – de la réalité. Dans d'autres approches thérapeutiques, le concept d'émotion a été initialement banni. Pour Watson par exemple, il représentait le prototype même du concept « boîte noire » qui devait absolument être écarté de toute approche ayant des prétentions scientifiques. Ainsi, dans la plupart des grands courants historiques de la psychothérapie, l'émotion n'a pas occupé une place centrale.

Et pourtant, c'est avant tout l'émotion qui se manifeste chez ces personnes que le mal de vivre et d'être amènent à rechercher de l'aide, à consulter un « psy ». Cette souffrance est souvent exprimée sous la forme d'émotions non voulues, non contrôlables, intolérables. Leur attente est celle d'une aide face à ce désarroi émotionnel.

Fort heureusement, l'univers de la psychothérapie a beaucoup évolué au cours des deux dernières décennies, particulièrement dans les pays anglo-saxons, mais aussi dans certains pays du nord et du sud de l'Europe. Un des aspects centraux de cette évolution est la place fondamentale qui est accordée à l'émotion. Par exemple, David Barlow, un des principaux pionniers des traitements contemporains de l'anxiété, a récemment développé la conception selon laquelle tous les troubles de l'anxiété et de l'humeur partageraient un commun dénominateur : le refus de l'émotion, une réaction irréaliste et intenable qui engendrerait un état d'affectivité négative chronique. Barlow en conclut que la psychothérapie du XXIe siècle sera émotionnelle ou ne sera pas. Il propose actuellement un traitement unique, basé sur l'émotion, pour tous les troubles de l'anxiété et de l'humeur (Barlow, Allen & Choate, 2004).

De même, des auteurs issus de la tradition rogérienne ont développé des approches thérapeutiques centrées sur le travail émotionnel. À cet égard, le Canadien Leslie Greenberg (2002) a effectué un travail remarquable d'intégration des données de la psychologie des émotions et des approches psychothérapeutiques rogériennes, constructivistes et cognitivo-comportementales. Il propose un mode d'intervention psychothérapeutique basé sur l'exploration des émotions, de leur signification et de leur expression juste.

Les deux paragraphes qui précèdent indiquent à quel point des avancées importantes ont été récemment effectuées dans l'univers « psy » et à quel point l'émotion y occupe une place centrale, que ce soit pour expliquer les difficultés et dysfonctionnements des personnes en souffrance ou que ce soit pour proposer des interventions visant à remédier à ces souffrances ou à les alléger. Malheureusement, ces avancées ont encore eu trop peu d'échos en France. Dans l'Hexagone, l'univers des thérapies comportementales et cognitives, le relais le plus probable pour ces nouvelles formes psychothérapeutiques, est encore très marqué par le courant cognitif beckien. Les ouvertures à des approches novatrices restent, hélas, encore trop peu nombreuses.

À cet égard, le présent ouvrage de Stéphanie Hahusseau constitue un élément marquant dans le monde francophone. Il est en effet le premier ouvrage en français qui introduit pour un large public ces conceptions nouvelles de l'émotion au sein de l'univers « psy ». Il s'agit d'un ouvrage novateur, ouvert, extrêmement pratique et concret, et qui présente des qualités remarquables. D'une part, l'ouvrage est bien enraciné dans les données les plus récentes de la recherche sur les émotions. L'auteur, psychiatre praticienne, fait ici preuve d'une substantielle culture scientifique. Cette culture est doublée d'un don de vulgarisation, d'une capacité de mettre à la portée de tous les données parfois quelque peu arides et hermétiques des recherches les plus pointues. De plus, la richesse de l'expérience clinique de l'auteur transparaît dans les nombreux exemples de cas et concrétisations qui rendent extrêmement vivante la lecture du livre. Un autre atout du livre est de proposer des interventions cliniques originales et encore trop peu connues, comme l'autoreparentage. On sent ici toute l'expérience clinique et l'ouverture de l'auteur.

Mais il s'agit avant tout d'un ouvrage pratique. Stéphanie Hahusseau prend le lecteur par la main et l'entraîne à la découverte de ses émotions, plus particulièrement la peur, la tristesse et la colère. Cette découverte se fait en suivant un parcours structuré abordant la nature même de l'émotion, l'origine des émotions négatives et les liens avec notre personnalité. Ensuite, l'auteur explique comment apprendre à mieux vivre ses émotions négatives. Plutôt que diaboliser l'émotion, l'auteur met l'accent sur les ressources que peuvent apporter les émotions, sur les manières de s'en faire des alliées plutôt que des ennemies. Une série de propositions très concrètes sont faites pour apprendre à gérer ses états émotionnels. Enfin, l'ouvrage se termine par la place qu'occupent les émotions dans notre relation à autrui. Une section particulière est consacrée aux émotions dans la relation thérapeutique.

En conclusion, ce livre est un ouvrage unique dans le monde francophone. Il est indispensable tant à la personne cherchant à mieux comprendre ses émotions et à les apprivoiser qu'à l'étudiant et qu'au praticien qui désirent faire les liens entre les données de la recherche sur les émotions et la pratique clinique.

À vous qui tenez cet ouvrage entre vos mains, bonne lecture et bon cheminement à la découverte de vos émotions, et donc de vous-même et de vos relations à autrui.

Pierre Philippot
Professeur de psychologie clinique
à l'Université catholique de Louvain
Louvain-la-Neuve, le 14 mars 2006

Barlow, D. H., Allen, L. B., & Choate, M. L. (2004). « Towards a unified treatment for emotional disorders ». *Behavior Therapy, 35*, 205-230.

Greenberg, L.S. (2002). *Emotion-Focused Therapy : Coaching Clients to Work Through Their Feelings*. Washington, D.C. : American Psychological Association Press.

Introduction

Plutôt hypersensible, je me suis souvent sentie envahie par ma peur, ma tristesse, ma colère, bref, par mes émotions négatives.

Je me disais souvent à moi-même :

– Tu devrais être plus cool.
– Tu ne devrais pas être triste, tu as tout pour être heureuse.
– Les autres se maîtrisent beaucoup mieux que toi.
– Tu n'es pas normale, tu es touchée par des choses qui laissent les autres de marbre.
– Ne te mets pas en colère, tu risquerais de faire trop de mal.
– Si tu montres ta tristesse, tu vas faire fuir tout le monde…

Au début de ma carrière, j'avais tendance à raisonner en noir ou blanc. Je pensais que, si je ressentais de la tristesse ou de l'angoisse, je n'étais pas capable de complètement contrôler mes émotions, et tout s'écroulait, je ne me sentais plus crédible professionnellement.

Ma profession de psychiatre m'a amenée à constater que je n'étais pas la seule à me dire ce genre de choses. Que nous sommes beaucoup à mal vivre nos émotions, à en souffrir et à passer notre temps à lutter contre elles, en dépensant une énergie considérable pour les supprimer.

Je suis partie de l'observation de mes patients, de moi-même et d'études scientifiques. J'ai appris beaucoup de choses qui m'ont été utiles personnellement et qui, je l'espère, ont été utiles à mes patients.

Comprendre les lois auxquelles obéissent nos émotions négatives et les influences qu'elles subissent m'a aidée à les réguler différemment.

J'ai déploré ne pas savoir tout cela plus tôt. J'ai eu envie d'écrire pour que les autres perdent peut-être moins de temps que moi, car les émotions ne sont pas une science infuse. Ce livre a donc quelque part l'ambition d'être un manuel d'éducation émotionnelle.

Comprendre, aimer et accepter nos tristesses, nos peurs ou nos colères pour nous rapprocher de nous-même et des autres.

Tout au long de ce livre, je donne des exemples. Ce sont souvent des personnes réelles dont j'ai modifié le nom, parfois le sexe, ou certaines données de leur histoire, de façon à ne trahir ni le secret professionnel ni la confiance qu'elles m'ont faite.

PREMIÈRE PARTIE

Prendre conscience de ses émotions

CHAPITRE PREMIER

Comprendre la nature de nos émotions

« L'Homo sentiens »

➤ *Quelles émotions pouvons-nous ressentir ?*

Tout au long de ce livre, nous allons nous intéresser aux émotions négatives, celles qui nous font souffrir et qui nous paralysent : la tristesse, la peur, la colère. Il nous arrive, heureusement, de ressentir aussi de la surprise, de la joie, de l'amour, bref, des émotions positives[1], mais elles nous posent généralement moins de problèmes.

Quand nous sommes mal, nous pouvons ressentir une vague inquiétude ou une grosse frayeur, un coup de *blues* passager ou une détresse très intense : l'intensité de nos émotions peut être très variable, et la langue française donne un nom différent à chacune de ces variations. Une petite colère s'appelle par exemple une contrariété.

Tableau des différentes intensités des trois émotions négatives[2]

Tristesse	**Colère**	**Anxiété**
Déplaisir	Contrariété	Souci
Déception	Irritation	Malaise
Consternation	Hostilité	Appréhension
Morosité	Frustration	Crainte
Affliction	Amertume	Inquiétude
Mélancolie	Aigreur	Tension
Maussaderie	Aversion	Nervosité
« Blues »	Énervement	Alarme
« Cafard »	Exaspération	Peur
« Spleen »	Haine	Panique
Peine	Rage	Horreur
Bouleversement	Fureur	Terreur
Désespoir	Rancune	Frayeur

Le tableau ci-dessus, qui décline les différentes intensités que peuvent prendre la tristesse, la colère et la peur, est moins anodin qu'il n'en a l'air. En effet, **apprendre à nommer ses émotions avec les mots appropriés est important.** Car, en désignant justement ce que l'on ressent, on apprend à en faire cas, et on parvient mieux, par la suite, à « utiliser » ses émotions.

Nous serons aussi amenés à parler du stress. Le stress est défini comme « l'ensemble des perceptions d'impuissance et de malaise qui envahissent l'individu lorsqu'il est face à des événements difficiles à maîtriser[3] ». C'est un phénomène normal qui peut devenir nuisible lorsqu'il dure trop longtemps. Ce n'est pas une maladie. Il concerne tout le monde. Il induit un état d'alarme et nous incite à interrompre ce que nous sommes en train de faire, sa présence traduit que nous sommes temporairement dépassés ; à dose modérée, il est utile en nous fournissant l'énergie dont nous aurons besoin pour nous adapter à des changements

Toutes ces propriétés communes avec les émotions m'amèneront à le considérer comme tel, et plus précisément comme un « bébé-émotion », une sorte de préjoie, précolère, prétristesse (voir p. 57).

➤ *Est-il normal d'éprouver des émotions négatives ?*

Un monde sans émotion

Avant de réfléchir à la normalité de nos émotions, essayons de voir les choses par la négative. Ne pourrions-nous pas vivre sans émotion négative ?

Vous vous souvenez de Monsieur Spok dans la série télévisée *Star Treck* ? La caractéristique de ce monsieur, nonobstant ses grandes oreilles, est de n'éprouver aucune émotion. Quoi qu'il arrive, il reste de marbre. Rien ne le touche, rien ne l'enthousiasme, il ne s'attache à rien. C'est un personnage qui suscite de la curiosité, voire de la commisération, mais c'est tout sauf un personnage attachant. Bien sûr, il est opérationnel, il est même programmé pour ça. Aimeriez-vous lui ressembler ?

C'est de la science-fiction, me direz-vous.

Dans la réalité, il existe des personnalités (appelées schizoïdes[4]) marquées par le détachement, l'indifférence. Elles sont froides. Ces personnes n'apprécient pas les relations avec les autres. Elles pratiquent des activités solitaires. Ce trouble de la personnalité est responsable d'une altération du fonctionnement professionnel et social. Ces personnes n'ont pas d'amis, pas d'intérêt pour les relations amoureuses.

Elles n'éprouvent pratiquement jamais de plaisir.

C'est comme si ne pas éprouver d'émotions négatives empêchait d'éprouver des émotions positives.

Si nous devions faire un pacte avec le diable, tel Faust[5], serions-nous prêt à renoncer à la joie, au plaisir, à l'amour pour ne plus ressentir de colère, de tristesse et de peur ?

Un monde avec des émotions

Les bébés ont des émotions, les mammifères, même les mouches et les escargots de mer ont des émotions[6]. Que nous soyons riches ou pauvres, que nous soyons nantis ou non, que nous ayons vécu des choses graves, des temps difficiles ou que nous ayons vécu dans un univers protégé, il est normal que nous soyons touchés, affectés, émus, craintifs ou en colère : C'EST SIGNE QU'ON EST EN VIE.

Beaucoup éprouvent de la tristesse, de la peur et de la colère, **y compris les gens équilibrés !**

Ce que nous allons découvrir, c'est que les émotions obéissent à certaines lois[7].

Ce que nous allons découvrir aussi, c'est que, plus on les accepte, moins on est irrationnel, mieux on les utilise et mieux on les régule.

Nous demandons-nous pourquoi nous avons soif ?

• La fille de Jane lui raconte que sa meilleure amie l'a rejetée à l'école. Jane est très touchée par ce que lui raconte sa fille. Elle se reproche à elle-même d'être triste, elle pense qu'une « bonne mère » devrait être capable de garder la tête froide par rapport à ce que vit son enfant.

• Sandrine ressent de la colère contre son petit ami qui n'exprime aucun sentiment. Or son entourage ne cesse de dire à Sandrine qu'elle a de la chance d'avoir rencontré cet homme. Elle pense qu'elle est excessive, elle se sent coupable de ressentir cette détresse.

• Hugues redoute l'entretien avec son chef. Il perçoit sa peur comme le signe d'une inaptitude.

Après avoir raconté leurs difficultés, Jane, Sandrine et Hugues ont tous les trois posé la même question : « Pourquoi ai-je ressenti ça ? »

C'est une question que nous nous posons souvent quand nous ressentons une émotion négative. La perception de notre colère, de notre tristesse ou de notre peur nous fait souvent nous sentir en échec, coupables, différents, ou inférieurs. Nous cherchons alors vainement à comprendre pourquoi nous sommes touchés comme ça.

Mais nous posons-nous cette question lorsque nous avons soif, cherchons-nous à comprendre **pourquoi** nous avons soif ?

Quand nous avons soif, des sensations physiques apparaissent, et notre cerveau prend conscience que notre bouche est sèche. Nous interrompons nos comportements pour aller chercher de l'eau. Nous nous désaltérons. Nous nous sentons mieux et nous reprenons tranquillement ce que nous étions en train de faire.

Nous ne négligeons pas cette sensation en la qualifiant d'excessive. Nous savons que, même si nous connaissions la cause de notre soif, nous aurions toujours la bouche sèche. La sensation de soif nous a permis de veiller à notre bien-être.

Nous devrions apprendre à avoir la même attitude avec les émotions. Il faut les prendre en compte, sans forcément chercher à en comprendre l'origine car ce n'est pas la réponse à cette question qui va nous permettre de nous sentir mieux.

Il faut apprendre à les reconnaître, à les nommer, à avoir de la compassion pour soi-même en train de souffrir pour parvenir à s'en servir. Tant que nous les considérons comme des phénomènes anormaux et excessifs, dont il faut se débarrasser au plus vite, nous ne pouvons veiller à notre bien-être.

Domine-toi !

Donner de la valeur à ses émotions négatives est d'autant plus difficile qu'autour de nous nous entendons souvent dire qu'il faut « prendre sur soi », qu'« avec un peu de volonté » on peut tout à fait dominer sa tristesse, sa colère et sa peur, que « tout ça, c'est dans la tête ».

Est-ce que respirer est juste une histoire de volonté ?

La plupart du temps, on respire de façon automatique. Si on se met à penser à sa respiration, on peut la modifier. On peut décider de se mettre en apnée. Seulement, au bout de quelques minutes, **bien qu'ayant une volonté d'acier, nous devrons respirer**.

Les émotions répondent au même schéma ; elles peuvent résulter en partie de la volonté par l'intermédiaire de nos pensées, mais elles **sont** fréquemment **automatiques**, c'est-à-dire qu'elles se déclenchent toutes seules sans que nous le décidions. Généralement d'ailleurs, les émotions **apparaissent brutalement**. Nous ne savons pas distinguer avec précision ce qui se passe, mais nous sentons confusément quelque chose de différent dans notre corps.

En résumé

Nous sommes des êtres humains, des êtres vivants. Ce statut nous amènera à ressentir des émotions comme la colère, la peur, la tristesse, mais aussi l'amour, la joie, le plaisir.

Avant de chercher à comprendre l'origine de nos émotions, il faut d'abord essayer d'accepter de les ressentir. Les émotions sont automatiques, elles échappent en partie à la volonté. Éprouver des émotions négatives est non seulement banal, normal mais utile.

Que se passe-t-il quand nous sommes émus ?

Une émotion provoque une agitation en nous. Cela nous met « hors de nous ». Notre corps, nos pensées et nos façons d'agir sont bouleversés.

➤ *Des sensations dans le corps*

La colère, la tristesse, la peur nous font mal. On les sent physiquement. On a mal dans le corps. On a « une boule », on a du mal à respirer, on ne tient plus sur ses jambes, on est tendu…

Personnellement, la compréhension de la façon dont mon corps et mes émotions interagissaient m'a permis de prendre de la distance avec certaines sensations physiques. Il m'est arrivé plusieurs fois d'attribuer exagérément le sens de mes palpitations cardiaques à la peur de la situation dans laquelle je me trouvais alors qu'elles étaient surtout dues au café et au *speed* de ma journée. Cela m'a aussi permis de davantage faire cas de mon corps pour réguler mes émotions négatives. Bref, cela m'a aidée à moins souffrir.

Ça me remue à l'intérieur

Les émotions génèrent des sensations dans le corps. Quelqu'un surgit brusquement derrière la porte et me fait « ouh » ; j'ai peur. J'ai chaud, et mon cœur bat plus vite. Ces sensations physiques immédiates (appelées *arousal* en anglais) accompagnent ma peur.

Les émotions font varier ce qui se passe dans notre corps : notre rythme cardiaque, nos sécrétions hormonales, notre respiration, nos sécrétions lacrymales, nos mouvements du corps…

ÉMOTIONS ——→ SENSATIONS PHYSIQUES

CE QUI SE PASSE À L'INTÉRIEUR
NE SE VOIT PAS FORCÉMENT À L'EXTÉRIEUR

• En réalité, on ne sait pas si les **modifications internes objectives** (tension artérielle, fréquence cardiaque, température corporelle, modifications respiratoires, c'est-à-dire tout ce qui se passe à l'intérieur de notre corps) sont identiques pour chacun de nous. Ce qui paraît à peu près **universel**, c'est l'augmentation de la tension artérielle dans la colère[8].

Quand nous ressentons une émotion, nous sentons, dans notre corps, une sorte d'état d'activation générale, sans trop savoir précisément où et comment[9] : ça nous remue à l'intérieur.

En plus, la **perception** que l'on a de ces modifications est différente d'une personne à l'autre. Ainsi, pensez à la dernière fois où vous avez eu très peur. Remémorez-vous en détail la situation. Vous rappelez-vous ce que vous avez ressenti physiquement ? Votre cœur battait-il plus fort, aviez-vous chaud, comment respiriez-vous ?

Pensez maintenant à la dernière fois où vous avez été triste, en colère et à la dernière fois où vous avez eu honte. Et essayez de vous souvenir des sensations physiques que vous avez eues. Puis demandez à vos proches.

Vous constaterez que les perceptions des changements internes sont différentes.

• Et les manifestations extérieures ? Sont-elles les mêmes pour tout le monde ? Il existe en effet des expressions universelles pour un certain nombre d'émotions, une sorte de base commune qui fait que, quand quelqu'un a les traits qui tombent, on sait qu'il n'est pas joyeux. Mais ces expressions seraient modulées par la culture et les règles sociales[10,11]. Et, finalement, chacun a quand même une traduction physique personnelle de l'émotion.

Si nous extériorisions nos émotions de façon similaire, les comédiens joueraient l'émotion toujours de la même manière. Nous saurions déchiffrer ce que leurs corps traduisent, mais nous nous enquiquinerions de voir toujours la même chose au théâtre ou au cinéma !

Constantin Stanislavski[12], le célèbre metteur en scène russe qui a influencé l'Actor's Studio, recommandait à l'acteur d'explorer **l'individualité** des émotions du personnage qu'il devait interpréter. Pour cela, il demandait à l'acteur de chercher dans ses propres souvenirs de façon à créer une vraie émotion. Ensuite, l'acteur devait retrouver son propre vécu corporel, ses propres sensations physiques lors de cette émotion[13]. En aucun cas, l'acteur ne devait plaquer une expression émotionnelle stéréotypée.

POUVONS-NOUS SAVOIR CE QUE LES AUTRES RESSENTENT[14] ?

Avec nos sens, nous pouvons percevoir un ensemble de signaux qui traduisent que l'autre est intimidé, en colère,

La Route de Madison

Je trouve bouleversant le film de Clint Eastwood *Sur la route de Madison*. Peu d'explications, peu de mots sur ce que chacun ressent. Peu d'explicite. Mais chaque émotion des personnages (interprétés par Meryl Streep et par Clint Eastwood) se voit.

Le regard de la fermière jouée par Meryl Streep, un peu vide, qui n'accroche sur rien, se met à pétiller, se décille pour ne plus perdre une miette. Le regard sec du photographe (Clint Eastwood), tranchant, presque froid, gagne en chaleur, en désir, puis se charge de détresse. L'observation des mains de Meryl Streep suffit, à elle seule, à nous dire chacune des émotions qui l'habitent. Animées d'abord de mouvements précis, maîtrisés, répétés avec l'agilité que procure la force de l'habitude, elles s'agitent nerveusement lors des premières heures passées avec le photographe. Puis les mouvements de ses mains deviennent plus lents, plus doux et beaucoup plus sensuels, lascifs. Les postures changent aussi. Clint Eastwood se redresse au fur et à mesure qu'il aime, puis redevient voûté lorsque l'espoir d'un avenir à deux s'estompe.

amoureux, triste… Le regard fuyant, la tête baissée, la posture voûtée, des difficultés à sourire, des yeux brillants trahiront la tristesse de quelqu'un qui tente de la contenir… Quelqu'un qui croit maîtriser sa peur risque quand même de sursauter, d'être tendu musculairement, de trembler, de marcher plus vite, d'avoir des gestes rapides, le cou rouge, le visage crispé ou figé.

Certes, on peut déceler la colère chez quelqu'un qui l'exprime directement, mais on peut aussi la deviner dissimulée dans des signaux non verbaux comme l'agitation, la tension, les mâchoires crispées, une respiration difficile, ou bien dans des manifestations comme un bégaiement, une alimentation frénétique, des bris d'objets…

Observer le corps des autres et les émotions qu'il trahit permet de se sentir moins seul face à nos émotions négatives.

Diderot, dans *Le Paradoxe du comédien*, disait que le talent d'un acteur ne consistait pas à ressentir les émotions mais à les restituer extérieurement. Il savait à quel point le corps peut traduire l'émotion, et c'est cette apparence-là qu'il exigeait des comédiens.

Le corps parle

Dans *Violence des échanges en milieu tempéré* (film de J. M. Moutout sorti en 2004), Hugo Paradis (interprété par Laurent Lucas) est chargé d'un audit dans une entreprise. Dans une scène du film, on le voit expliquer aux employés qu'il est un partenaire pour eux, et non un adversaire. En réalité, il est là pour permettre le rachat de l'entreprise par des étrangers et pour se débarrasser de dizaines d'employés.

Si l'on regarde bien, lorsqu'il parle en utilisant une fausse proximité relationnelle, son regard très fixe dénote de l'agressivité. Son corps trahit son émotion.

C'est dans ce type de situations qu'il faudrait laisser la place à ses sens plus qu'à sa tête et faire attention à ce malaise diffus que l'on ressent quand les propos de quelqu'un qui ment ne correspondent pas à ce que dit son corps. On appelle ça l'instinct ou l'intuition. C'est de l'observation.

LA PERCEPTION ET L'EXPRESSION DE NOS ÉMOTIONS SONT EN PARTIE ACQUISES

• Les perceptions de changements physiques peuvent varier d'un individu à l'autre en fonction, par exemple, **des expé-**

riences d'émotions extrêmes. Si, lors d'une grande colère, j'ai ressenti une douleur dans l'estomac, je serai plus attentive à mes sensations gastriques lors d'expériences ultérieures de petites colères. Certaines personnes souffrent non pas d'une peur tolérable, mais d'angoisses très fortes dans laquelle les sensations physiques sont extrêmement intenses. À la suite d'une crise d'angoisse (appelée *attaque de panique)*, ces personnes vont focaliser leur attention sur la partie du corps dans laquelle elles ont perçu les sensations les plus fortes. Le moindre changement anodin dans cette partie-là du corps déclenche une peur de revivre ces sensations douloureuses et mène à une nouvelle attaque de panique (voir p. 150).

• **Notre culture[15] influence la façon dont nous percevons les sensations physiques générées par nos émotions et la façon dont nous les exprimons[16].**

Par exemple, la métaphore pour la colère dans notre culture est de « bouillir intérieurement » et d'être « prêt à exploser ». Notre attention, préparée culturellement, percevra plus volontiers des sensations de chaleur corporelle et de tension musculaire quand nous serons en colère.

• Quant à l'expression des émotions, elle est en partie acquise, comme en témoigne la moindre expressivité des personnes aveugles de naissance[17]. Elles n'ont jamais vu, chez les autres, comment un visage ou un corps traduisent une émotion, et l'absence de cette acquisition les rend moins expressives.

Ce qui se passe dans notre corps peut nous tromper

En acceptant et en comprenant l'existence de ces interférences du corps sur nos émotions, on comprendra d'autant mieux l'intérêt de nous servir de notre corps, d'intervenir sur notre corps, de prendre soin de notre corps (voir p. 195) pour réguler nos émotions.

LE CORPS A LE POUVOIR DE CRÉER DES ÉMOTIONS

Essayez de feindre de rire, essayez de désigner du doigt votre chaise comme si, rien qu'à la regarder, vous étiez hilare. Penchez-vous en avant, essayez de reproduire des éclats de rire, et observez ce que vous finissez par ressentir.

Lorsqu'on adopte la posture, le visage, le regard... d'une émotion positive ou négative en les singeant, cela peut déclencher[18] l'émotion en question.

ÉMOTIONS ⟶ SENSATIONS PHYSIQUES

Certaines personnes ont tendance à contrôler leurs émotions à outrance, parce qu'elles en ont peur (voir p. 102). Elles ont besoin d'apprendre à faire l'expérience des émotions négatives : les jouer physiquement peut être un moyen de les susciter et s'avérer bénéfique. Nora avait une phobie de la colère au point de préférer se faire marcher sur les pieds plutôt que de risquer de perdre le contrôle d'elle-même, au point d'éviter toute discussion potentiellement conflictuelle. Elle s'est mise à faire du théâtre d'improvisation. Son professeur lui a demandé, à plusieurs reprises, de pousser quelqu'un avec ses bras, de crier fort, de taper. Elle se sentit d'abord ridicule. Progressivement, en jouant de cette manière, elle sentit la colère monter en elle. Elle la joua de façon plus juste. Après le cours, elle se sentait étrangement bien. C'est grâce aux mouvements de son corps qu'elle a pu faire l'expérience de cette émotion de colère.

D'autres personnes ont des émotions négatives très envahissantes. De ce fait, le corps est dans un état d'activation physiologique intense. Les techniques centrées sur le corps seront particulièrement utiles car, en apaisant le corps, elles apaiseront les émotions.

NOUS POUVONS CONSIDÉRER COMME DE L'AMOUR ET DU DÉSIR CE QUI N'EN EST PAS[19]

Notre désir peut être artificiellement manipulé par nos sensations. Des chercheurs se sont amusés à influencer le désir sexuel masculin en faisant regarder à des hommes des images de femmes. Ces hommes portaient un casque sur les oreilles, et on leur a fait croire qu'il s'agissait de leurs propres battements cardiaques. En fait, on leur passait une bande enregistrée dans laquelle, à certains moments, des battements du cœur s'accéléraient.

À l'issue de l'expérience, il s'avérait que les femmes que ces hommes désiraient le plus étaient celles qu'ils regardaient dans les moments où ils entendaient un rythme cardiaque accéléré (qu'ils croyaient être le leur)[20] !

Nous éprouverons aussi davantage de désir sexuel, dans un contexte stimulant, quelques minutes après avoir fait du sport ! Après quelques minutes, l'*arousal*, c'est-à-dire l'activation du corps, est encore dû au sport, mais il est interprété comme émanant de la stimulation[21].

Farida s'est inscrite sur un site de rencontre Internet. Elle a des échanges de plus en plus intenses avec un homme. Un rendez-vous est fixé. Le jour J, elle a d'abord une confrontation professionnelle capitale pour elle. Elle rencontre cet homme. Son cœur bat la chamade, alors qu'elle n'est pas enthousiasmée par le physique de cet homme. Elle conclut de l'analyse de ses sensations fortes qu'elle est très amoureuse alors que son état de « suractivation » générale[22] est aussi très lié au stress de la journée.

Avant de nimber l'objet de notre passion d'un halo de perfection, soyons vigilants aux circonstances précédant la naissance de notre sentiment amoureux !

RESPIREZ, VOUS ÊTES FILMÉS[23]

> « À chaque sentiment, à chaque mouvement de l'esprit, à chaque bondissement de l'affectivité humaine correspond un souffle qui lui appartient[24]. »

La respiration peut être observée et manipulée à des fins émotionnelles.

• Des volontaires auxquels on a demandé d'observer leur respiration lorsqu'ils ressentaient différentes émotions comme la tristesse, la colère, la peur… ont rapporté des variations respiratoires caractéristiques pour chaque émotion. Avez-vous remarqué que vous respirez plus vite et ressentez des tensions thoraciques lorsque vous êtes en colère ou lorsque vous avez peur ? Avez-vous remarqué que vous respirez moins vite lorsque vous êtes joyeux et que, lorsque vous êtes triste, votre respiration est interrompue par des soupirs ? Le tableau suivant résume nos tendances respiratoires lorsque nous éprouvons ces quatre différentes émotions.

	Joie	**Colère**	**Peur**	**Tristesse**
Inspiration et expiration	Lente par le nez	Rapide par le nez	Rapide, venant du haut de la cage thoracique	Par le nez. Soupirs à l'expiration
Amplitude	Profonde	Légèrement plus profonde	Normale	Normale
Respiration	Régulière	Légèrement irrégulière avec quelques secousses	Légèrement irrégulière avec des secousses	Allure normale
Cage thoracique	Relaxée	Tendue	Tendue	Légèrement tendue

• Ce qui est « amusant », c'est que, dans une autre expérience, on a donné à des volontaires les consignes respiratoires caractéristiques de chacune de ces émotions sans leur révéler ni les émotions en question ni le but de l'étude. Ces volontaires effectuaient cette respiration typique de la joie, de la peur. Alors qu'ils arrivaient relaxés, ils finissaient par ressentir certaines de ces émotions uniquement en respirant. On peut ressentir de la colère en respirant comme indiqué. Par contre, pour la tristesse et la peur, les résultats sont moins nets : la respiration « typique » n'aboutit pas de façon univoque au ressenti de l'émotion en question. Le résultat de cette observation est extrêmement probant pour la joie. En s'entraînant à respirer lentement, profondément, régulièrement, par le nez et avec une cage thoracique relaxée, la joie arrive. Cool !

La compréhension des relations respiration-émotions nous donne encore une porte d'entrée pour moduler nos émotions. Géraldine est une femme « très cérébrale », c'est-à-dire qu'elle accorde de la suprématie aux données intellectuelles par rapport aux données affectives et corporelles. Elle n'a jamais accordé la moindre importance à la façon dont elle respire. Elle parle de manière très rapide et nerveuse. En thérapie, elle apprend à se concentrer sur sa respiration (voir p. 197). Au début, elle a eu le sentiment de perdre son temps, et elle avait hâte que ce temps de concentration s'achève pour pouvoir parler. Avec l'entraînement, elle perçoit qu'être attentive à sa respiration parvient à lui faire éliminer, simplement, un certain nombre de tensions, sur lesquelles des heures de parole et de réflexion n'auraient eu aucune incidence.

SOMMEIL ET HORMONES

Le manque de sommeil augmente les effets des émotions négatives et diminue les effets des émotions positives[25]. Sandra, se sachant très sensible émotionnellement à la fatigue, va au lit quand elle voit tout en noir. Après sa sieste, elle est généralement plus optimiste.

Il existe aussi des interactions à double sens entre les hormones et les émotions. Les émotions créent des sécrétions hormonales, comme la fameuse décharge d'adrénaline quand on a peur. À l'inverse, notre état hormonal induit des émotions. Les hommes et les femmes n'ont pas les mêmes taux ou n'ont pas les mêmes types d'hormones. Cela explique, en partie, qu'ils n'aient pas les mêmes proportions d'émotions ou qu'ils les expriment différemment. Les femmes subissent de grandes variations hormonales au cours de leur vie, prémenstruelles, gravidiques (c'est-à-dire liées à la grossesse), lors de la ménopause. Ces fluctuations hormonales peuvent les rendre tristes, anxieuses ou irritables, ou hyperréactives[26]. Elles sentent généralement bien l'influence des hormones sur leurs émotions.

Ainsi
C'est essentiellement dans le corps que se manifestent les émotions.

Une émotion se manifeste dans le corps par des variations physiques, qui elles-mêmes peuvent donner lieu à des émotions. Ainsi, notre émotion face à un événement dépend de l'état physique dans lequel nous sommes.

Bien connaître les modifications physiques générées par les émotions et les tours « émotionnels » que peuvent nous jouer nos sensations physiques nous donnera un premier moyen d'agir sur nos émotions et d'influencer notre colère, notre tristesse, notre peur…

• Donc, quand on a des difficultés à faire face aux émotions et que l'on tente de les éviter, apprendre à se concentrer davantage sur ce qui se passe dans le corps (voir p. 192) permet d'augmenter la conscience des émotions. Cela permet même une modification des pensées négatives ! (voir chapitre suivant).

• Quand on est trop « affectif » ou « hypersensible[27] » (voir p. 81), submergé par trop d'émotions négatives, se centrer davantage sur le corps aide à s'apaiser physiologiquement et permet de diminuer la quantité des émotions négatives.

➤ *Des pensées nous envahissent l'esprit*

Nous accordons souvent davantage d'importance à nos pensées qu'à nos émotions. Avons-nous raison de faire cela ? Est-ce que ce sont nos émotions qui modifient notre façon de penser ? Peut-on influencer nos émotions en pensant ?

Nos pensées sont souvent une émanation de notre tristesse, de notre peur ou de notre colère. Elles ne sont donc pas aussi fiables ou rationnelles que nous sommes portés à le croire. Par ailleurs, notre façon de penser peut aggraver notre tristesse, notre colère et notre peur.

Dans quelle mesure pouvons-nous être conscient de ce que nous ressentons ?

Quand on est triste ou en colère, cela nous « prend la tête », nos pensées sont envahies. Nous essayons de penser à autre chose mais sans succès. Nous déployons des efforts de volonté importants pour redevenir rationnel, pour garder la tête froide.

Ce qui est époustouflant quand nous sommes dans un état émotionnel, c'est de constater à quel point cela modifie notre façon de voir les choses. Assez souvent, nous croyons être réaliste alors que c'est notre émotion qui est responsable de la perception de ce qui nous entoure et de la perception ce que nous sommes.

Si je suis triste, je vais être attentif à cette personne qui mendie dans la rue, à cette passante qui a l'air découragée. Je ne vais pas entendre ces enfants qui rient et qui jouent, je ne vais pas voir qu'il fait beau. Je vais être persuadé que ma prestation professionnelle était mauvaise, que je suis sans valeur, que je ne suis pas intéressant. Mon entourage aura beau me donner des arguments contraires, je serai convaincu d'avoir raison et persuadé qu'ils disent ça pour me faire plaisir.

Nos pensées suivent plus souvent l'émotion qu'elles ne la précèdent[28].

• Timothée a eu une journée difficile. On le klaxonne en voiture. Il constate que les Toulousains sont agressifs. C'est son état émotionnel ; le stress de sa journée et les émotions de surprise et de peur qu'a créées ce coup de klaxon le font, à ce moment-là, considérer les Toulousains de cette manière.

• Arthur, que Lætitia apprécie intellectuellement, l'a blessée en ne s'intéressant pas à son travail. Cela l'a rendue triste. Elle a été déçue. Elle ne doute pas de son manque d'objectivité lorsqu'elle affirme à un ami qu'Arthur est égocentrique et prétentieux.

• Lors d'un repas chez des amis, Louis a défendu une position politique extrême. Cela a heurté Charlotte. Mue par la colère, elle s'est mise, elle aussi, à tenir des propos sans nuances. Sur le moment, Charlotte était persuadée d'avoir raison et d'être rationnelle. Après le dîner, elle s'est aperçue qu'elle avait été excessive, qu'elle s'était laissé emporter par la colère et que cela avait momentanément modifié le contenu de ses pensées.

L'émotion nous persuade, et on nous persuade par l'émotion : de façon à modifier nos comportements sur la route, on a étudié l'impact des différentes campagnes de lutte contre l'insécurité routière. Un message purement informatif, qui ne s'adresse qu'à notre intellect (comme « la vitesse est la première cause d'accident et de mortalité sur nos routes, intervient dans un accident mortel sur deux, provoquent 64 000 accidents par an en France… ») a moins d'impact sur nos pensées et nos comportements qu'un message créant des émotions négatives[29] avec des images des causes de l'accident, des images des victimes, de leur passé, de leurs espoirs, ou des images des conséquences de l'accident, par exemple un handicapé en rééducation.

L'émotion convainc souvent mieux que les données objectives.

Comment être plus proche de la réalité ?
En reconnaissant nos émotions, en y étant attentif, en reconnaissant que nos pensées peuvent subir leur influence. Cela nous permettra de transformer certaines certitudes apparentes en doutes plus cléments et de nous dire : « Je ne vois que des choses tristes parce que je suis triste, mais ce que je perçois ne correspond peut-être pas tout à fait à la réalité. » En acceptant l'influence de nos émotions sur notre jugement, nous diminuons paradoxalement l'importance de celle-ci.

Notre tête nous fait réagir au quart de tour

Dans notre tête, il y a deux circuits : un circuit rapide qui produit l'émotion et qui est destiné à nous protéger, et un circuit lent qui analyse finement la situation et qui peut influencer notre émotion.

Nous percevons avec nos sens quelque chose qui crée, très rapidement, une tristesse, une colère ou une peur. Cette perception arrive au cerveau : « Ouh ouh, il se passe quelque chose ! » Notre attention est ainsi détournée de ce que nous étions en train de faire ou de penser. Ce premier circuit de traitement de l'information est très rapide, **de façon à pouvoir réagir très vite au cas où**.

L'inconvénient, c'est que le cerveau n'a pas le temps d'analyser les choses en détail, un peu comme une nouvelle de dernière minute reçue par un journaliste. S'il la restitue sans vérifier les sources, sans connaître le contexte, les tenants et les aboutissants, l'information transmise risque de ne pas être pertinente.

Le traitement de l'information par le premier circuit peut être utile dans l'urgence ou desservir. Quelqu'un me bouscule, cela me met immédiatement en colère. Mon cerveau donne très rapidement à mon corps l'ordre de se tenir en position de combat. Cet ordre de devenir violent(e), peut me protéger si j'ai affaire à quelqu'un de volontairement agressif, mais si la personne n'a pas fait exprès de me bousculer, j'ai l'air maligne !

L'analyse mérite donc d'être affinée par le second circuit.

Notre tête prend conscience de ce que nous ressentons

Pour développer du sens critique, de la distance par rapport à nos émotions, il faut être conscient qu'on en éprouve : l'un des rôles de notre deuxième circuit est d'identifier ce que nous ressentons.

Lorsqu'il perçoit le signal produit par le circuit rapide, le second circuit le décode et le nomme. Cet étiquetage est appelé **le sentiment**[30]. « J'ai un sentiment de peur », « d'impuissance », « d'abandon ». Le sentiment est la prise de conscience de l'émotion.

Ce second circuit n'est pas forcément fiable à 100 % : il peut y avoir des problèmes à l'étiquetage. Il peut ne pas avoir lieu ou il peut être inadéquat.

Quels types de pensées influencent nos émotions ?

Après avoir nommé l'émotion, le second circuit de notre cerveau analyse la situation que nous venons de vivre. Selon le type d'analyse, cela peut diminuer ou augmenter notre tristesse, notre colère ou notre peur.

Un ami est caché derrière une porte, et il me crie « ouah », très fort. Je ne m'y attendais pas, mon corps se tend car je suis effrayée, je suis prête à réagir (influence du premier circuit).

Ma tête nomme les choses ; j'ai conscience de mon sentiment de peur et évalue ce qui vient de se passer : « Cette situation n'est pas dangereuse, c'est mon ami qui me fait une blague » : ma tête réalise une **évaluation cognitive** (*appraisal*, en anglais). Mon évaluation cognitive – la situation n'est pas dangereuse – me conduit à ne plus avoir peur. Mon jugement a influencé mon émotion.

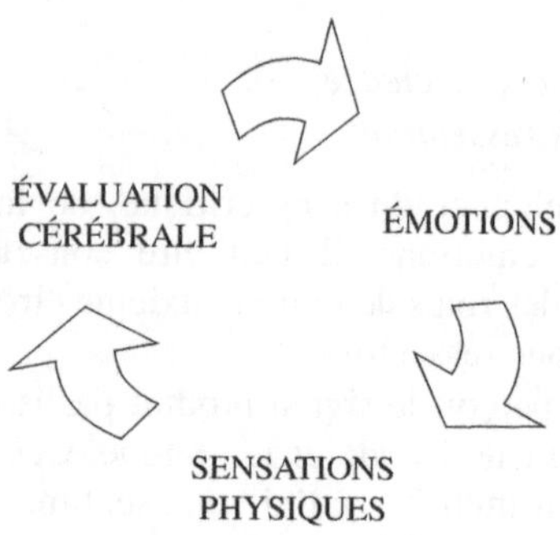

L'évaluation peut avoir une incidence positive ou négative, sur mon émotion, positive ou négative. Ce matin, mon fils de 4 ans ne m'embrasse pas pour me dire bonjour. Puis je réveille ma fille de 2 ans, qui, lorsque je m'approche d'elle pour l'embrasser, me dit « nan ». Si mon évaluation cognitive est « je suis une mauvaise mère, et mes enfants ne m'aiment pas », mon évaluation accentuera ma tristesse. Si mon évaluation cognitive est « mon fils est mal luné et ma fille est à l'âge où l'on dit tout le temps non », ma tristesse sera passagère.

Parfois, il ne se passe rien à l'extérieur, et c'est notre cerveau qui produit tout seul des émotions. Je suis toute seule chez moi. Tout va bien. Je me mets à penser qu'il y a peut-être un voleur qui s'est introduit dans la maison et je me mets à avoir peur.

Sept façons de se faire mal en déformant la réalité

La façon dont nous évaluons ce que nous sommes en train de vivre peut être faussée par rapport à la réalité. Nous déformons l'information, nous interprétons de façon erronée ce que nous vivons, et cela nous conduit à être davantage triste, en colère ou apeuré. On décrit sept façons de se faire mal (appelées distorsions cognitives[31]).

Pouvoir se dire « tiens, je viens de généraliser, ou de personnaliser » va nous permettre d'être moins affecté car nous allons remettre les choses à leur place et générer des pensées plus réalistes, et moins douloureuses (voir p. 235).

On a besoin de tout expliquer

Parce que nous voulons comprendre et prévoir le plus possible ce qui se passe dans notre vie : nos succès, nos échecs[32] et même les événements incontrôlables, nous avons

Sept façons de se faire du mal

1. L'inférence arbitraire

C'est tirer des conclusions sans preuve.

2. L'abstraction sélective

C'est l'art de ne retenir qu'un détail et d'oublier l'essentiel. Ma journée de travail s'est bien passée. J'ai décroché plusieurs contrats. À la fin de la journée, je reçois un coup de téléphone d'un client mécontent. Je me dis que je ne suis pas compétent(e). Cela m'accable et me rend triste car je n'ai retenu que l'expérience négative en oubliant de prendre en considération tout le reste de la journée.

La surgénéralisation

Je généralise lorsque je fais une règle d'un événement isolé, quand mes pensées comportent des mots comme « toujours », « jamais », « personne », « tout le monde », « chaque fois que ».
Si je pense « chaque fois que j'ai dit ce que je pensais, j'ai été rejeté », je suis forcément dans l'erreur, dans la généralisation. Penser cela va me rendre triste. Il est forcément arrivé que j'ai été entendu(e) et compris(e).

Minimalisation de ses réussites

Par exemple, si je pense que j'ai réussi cet entretien d'embauche car ils ne devaient avoir personne d'autre sous la main, je donne un sacré coup de canif à la joie que j'éprouvais en sortant de l'entretien.

Maximalisation de ses échecs

En me disant « j'ai raté cet entretien d'embauche parce que je suis nul(le) », je transforme ma déception passagère en découragement, en tristesse, en impuissance.

La personnalisation

Je personnalise quand je pense que tout ce qui se passe autour de moi m'est adressé, que telle collègue fait exprès d'être bavarde pour m'embêter.

La pensée dichotomique

C'est voir tout en tout ou rien.

Si j'interprète le fait qu'un tel ne m'a pas sauté dans les bras comme la traduction qu'il ne m'aime pas, je raisonne sans nuance, cela va me blesser, me rendre triste, me faire éprouver de la colère.

tendance à rechercher des explications à tout, appelées attributions causales[33].

Ces explications ont des conséquences positives ou négatives sur nos façons d'agir et sur nos émotions.

Ainsi, si je pense que, contrairement aux autres, je n'ai aucun don pour parler en public, que je suis la seule à avoir autant le trac et que cela fait partie de mon tempérament, je risque d'être encore plus inhibée et angoissée lors de ma prochaine prise de parole.

Si, à l'inverse, je crois qu'en m'entraînant je peux parvenir à améliorer mes performances et qu'après m'être renseignée j'apprends que nous sommes 80 % de la population à ressentir de l'anxiété lors d'une prise de parole en public, je serai plus indulgente avec moi-même, moins anxieuse, plus attentive à mes progrès et finalement plus détendue dans mes comportements.

Nous pouvons croire que les causes[34] sont internes, c'est-à-dire qu'elles dépendent uniquement de nous (« je n'ai aucun don »), ou externes, c'est-à-dire rattachées à la fatalité, à la destinée (« c'est comme ça, nous sommes 80 %

dans le même cas »), que ces causes sont **stables**, que les choses ne changeront pas, ou **instables**, c'est-à-dire conjoncturelles, liées seulement à la circonstance sans présumer de l'avenir. Enfin, on peut penser que les causes de ce qui nous arrive sont **contrôlables**[35] (« avec l'entraînement, je m'améliorerai ») ou qu'elles ne le sont pas, ou bien encore qu'elles sont **incontrôlables** pour nous mais **contrôlables par les autres** (« je suis la seule à avoir le trac »).

Échec	*Causalité externe* (« c'était difficile ») *Instable, transitoire* (« j'étais fatiguée à ce moment-là ») *Spécifique, particulière* (« il y a plein d'autres choses que je réussis »)	*Causalité interne* personnalisation (« c'est ma faute ») *Stable, permanente :* abstraction sélective (« ça ne changera jamais ») *Générale, globale* généralisation (« je suis nulle »)
Réussite	*Interne* (« c'est grâce à mon travail ») *Stable* (« j'ai un don pour cette matière ») *Globale* : généralisation (« j'ai toujours réussi ce qui me tenait à cœur »)	*Causalité externe* minimalisation (« j'ai eu de la chance ») *Instable* (« ça ne va pas durer ») *Spécifique* (« c'est bien la seule fois »)

Malheureusement, je ne peux pas vous donner de conseils du type : « Surtout, pour être bien, ne faites jamais d'attribution causale interne, ne croyez surtout pas que les choses dépendent de vous. »

Il n'y a pas de bonne ou de mauvaise façon de faire en soi. Ce qui est mauvais, c'est l'excès d'utilisation d'un seul type d'attribution causale. C'est en fonction des émotions négatives suscitées que nous pouvons mesurer quel type d'attribution nous convient le mieux. Si j'ai sans cesse recours aux attributions internes, et que je suis souvent triste, essayer d'avoir recours à une attribution externe (cela ne dépend peut-être pas que de moi) en observant dans quelle mesure cela diminue ma tristesse pourra être bon pour moi. Et inversement.

En expliquant les choses systématiquement de la même façon, notre tête nous rend pessimiste ou optimiste

Dans le sens de ce qui précède, si notre façon d'expliquer les choses est **toujours** la même, quels que soient les événements que nous vivons, il ne s'agit plus d'un phénomène ponctuel mais d'un **style** explicatif (style attributionnel) qui peut être optimiste ou pessimiste.

Le tableau suivant indique de quelles manières les optimistes et les pessimistes interprètent leurs échecs et leurs réussites.

	Style optimiste	**Style pessimiste**
Échec	*Causalité externe* *Instable, transitoire* *Spécifique, particulière*	*Causalité interne* *Stable, permanente* *Générale, globale*
Réussite	*Interne* *Stable* *Globale*	*Causalité externe* *Instable* *Spécifique*

Un optimiste qui échoue, à cause de sa façon de penser, va vite s'apaiser alors que la manière de considérer l'échec du pessimiste va l'amener à ressentir de la honte et du découragement. Un style optimiste augmente la confiance en soi[36].

En cas de réussite, le style optimiste accentue la fierté, alors que le style pessimiste zappe très vite sur l'émotion positive.

D'où vient le fait que nous sommes plutôt pessimiste ou optimiste ? Plusieurs facteurs entrent en jeu, en partie génétiques, innés, et en partie acquis :

- Ils dépendent d'événements incontrôlables que l'on a pu subir enfant. Subir jeune, avant cinq ans, de la maltraitance, un deuil, une séparation fait croire à l'enfant qu'il n'a pas de maîtrise sur les événements et prédispose à développer un style pessimiste.
- L'éducation au sens large joue forcément un rôle important, les parents mais aussi les professeurs, les pairs et la façon dont ils encouragent ou non l'enfant.
- À ce sujet, le sexe de l'enfant semble jouer un rôle. Les encouragements seront différents[37] : les remarques faites aux filles seraient un peu plus souvent « externalisantes » lorsqu'elles réussissent (rapportées à la chance plus qu'à leur mérite), à l'inverse des garçons. Les professeurs auraient, eux aussi, plus tendance à souligner le positif chez les garçons et le négatif chez les filles.

Il semble que le style se dessine vers 9 ans[38], mais il peut continuer à évoluer par la suite, en fonction du sexe, des événements[39], de l'entourage, des éventuels programmes d'aides[40]...

Les événements et notre façon de penser peuvent nous ôter jusqu'au goût de vivre

Quentin a perdu son père quand il avait 6 ans. Il a appris que sa petite sœur avait subi des attouchements sexuels par son beau-père. Scolairement, Quentin a des difficultés, alors que son grand frère réussit facilement. Il abandonne ses études à 20 ans parce qu'il a l'impression qu'il est nul, que ses efforts ne servent à rien, qu'il n'est pas doué. Après la rupture avec sa petite amie, il est persuadé que sa vie est ratée. Il souffre de dépression, il devient résigné, incapable d'agir. La seule envie qu'il lui reste, c'est de mourir. Quentin a subi des expériences précoces incontrôlables et terrifiantes. Quand il était plus jeune, on n'a jamais trop valorisé le fruit de ses efforts. Il en est venu à être certain que rien de ce qu'il pouvait faire n'influencerait sa vie. La conjonction de circonstances extrêmement difficiles et le style pessimiste de Quentin sont à l'origine de ce que l'on appelle **l'impuissance apprise.**

L'impuissance apprise[41], c'est ce que l'on ressent quand on pense que, quoi qu'on fasse, cela ne servira à rien.

Le concept d'impuissance apprise a d'abord été découvert chez les animaux puis il a été étudié chez l'homme : on a fait subir à un groupe d'hommes et de femmes un bruit violent qu'ils n'avaient aucun moyen de faire cesser[42].

Le lendemain, ce groupe est accompagné d'un autre groupe dit « contrôle » dont les membres n'ont pas été soumis, la veille, au bruit incontrôlable. Ces deux groupes sont soumis au même bruit, mais il y a dans l'environnement des moyens d'interrompre ce bruit.

Le groupe contrôle a utilisé les moyens disponibles pour faire taire ce bruit, tandis que le premier groupe s'est résigné passivement, marqué par l'expérience précédente dans laquelle ses efforts avaient été inutiles.

L'impuissance apprise génère des émotions de découragement, de tristesse qui, si elles durent, peuvent conduire à la dépression. Autrement dit, penser que ses efforts sont inutiles fait que l'on n'a plus de motivation pour agir, et nos émotions négatives passagères se transforment en humeur négative permanente (voir p. 111).

C'est pourquoi il est si important d'apprendre à percevoir quotidiennement tout ce que l'on fait, à percevoir qu'on le fait bien, quitte même à s'attribuer exagérément des réussites[43], à percevoir que ce que l'on fait est utile (voir p. 244), d'autant plus que notre passé a comporté des événements éprouvants qui nous auraient amenés à penser de manière pessimiste.

En résumé

Triste, nous pensons triste ; nos émotions nous font penser automatiquement dans le sens de ce que nous ressentons.

Mais nous pouvons aussi, avec notre tête, accentuer notre colère, notre peur ou notre tristesse :

- en déformant la réalité ;
- en cherchant des causes à ce qui nous arrive, ponctuellement (attributions causales) ou de façon systématique, au point d'en être prévisible (style attributionnel), en traitant l'information de façon pessimiste ou optimiste.

Notre façon d'évaluer ce que nous vivons peut être source d'une telle détresse que cela peut nous faire perdre l'élan vital (impuissance apprise).

S'entraîner à voir les choses autrement, à remettre en questions nos pensées (voir p. 235) sera utile pour apaiser nos souffrances.

➤ *Notre façon d'agir se modifie*

Les émotions nous remuent à l'intérieur du corps, elles nous font penser différemment. Ont-elles un impact sur nos attitudes, sur nos comportements ? Est-ce utile, est-ce bon pour nous ?

Les émotions modifient notre façon d'agir

Notre tristesse, notre peur, notre colère modifient, malgré nous, notre façon d'agir en vue d'une meilleure adaptation à ce qui nous entoure.

Les **émotions entraînent des comportements** spécifiques **destinés à satisfaire des besoins** biologiques fondamentaux[44]. On a réussi à isoler huit façons caractéristiques de réagir aux émotions. Elles correspondent à des comportements typiques et à un état particulier du corps. On les appelle, en anglais, *action tendencies* :

- l'approche,
- l'inhibition,
- le jeu,
- la domination,
- la soumission,
- la protection,
- l'agression,
- et le rejet[45].

Ces *action tendencies* ont permis à l'espèce humaine de survivre, de s'insérer socialement, de se développer affectivement et intellectuellement.

- Je subis, par exemple, un chef tyrannique, et cela me fait peur : pour m'adapter et satisfaire mon besoin de sécurité, je peux me *soumettre*.

- Quelqu'un m'agace : pour satisfaire mon besoin de tranquillité, je le peux le *rejeter.*
- Quelqu'un m'intéresse, à un titre ou à un autre : je vais avoir tendance à me *rapprocher* de cette personne dans le but de faire sa connaissance.

Ces modifications énergétiques que suscite notre émotion[46] nous permettent de passer à un autre état que celui dans lequel nous sommes. Elles ont une fonction.

- Si je me soumets à la tyrannie de mon chef, j'évite les conflits que je n'aime pas et je me sens mieux.
- Rejeter quelqu'un qui m'agace va diminuer le mal-être que je ressens en présence de cette personne.
- M'approcher de quelqu'un qui m'intéresse va diminuer ma tension intérieure.

Chez les enfants, ce sont **elles** qui sont observables et qui **traduisent des émotions** (voir p. 64). À l'âge adulte, les réponses émotionnelles se complexifient et ne sont plus uniquement physiologiques et comportementales, mais également cognitives, verbales…

Être triste, être en colère ou avoir peur modifie nos comportements dans le but de nous adapter à quelque chose de nouveau[47].

Les émotions nous poussent à agir

L'émotion nous pousse à interrompre ce que nous étions en train de faire, modifiant ainsi notre plan d'action. L'émotion nous met dans un état de motivation qui organise et facilite l'action[48].

Sylvaine vivait dans la même ville depuis vingt-cinq ans. Elle en ressentait du confort car elle avait ses habitudes rassurantes, ses amies depuis toujours. Mais elle avait aussi le sentiment de ronronner, de voir toujours les mêmes têtes, de s'ennuyer. Elle était morose. Elle a entendu parlé d'un poste intéressant mais dans une autre ville. Son ennui et sa morosité l'ont poussée à postuler. Elle a été embauchée. Arrivée dans sa nouvelle ville, poussée par la peur d'être seule, elle va vers de nouvelles personnes, comportement qu'elle n'avait plus eu depuis des lustres. Son ennui et sa peur l'ont motivée à adopter de nouveaux comportements, bons pour elle.

Une émotion agréable ou désagréable nous fait initier, maintenir ou terminer une action[49]. Si je suis joyeuse, j'ai envie de poursuivre ce que je suis en train de faire. Si telle activité génère de la peur, je vais avoir hâte d'en finir.

Utiliser les émotions des autres pour les motiver à agir

Un mari fourbu rentre du travail, mange sans un mot son plat préféré que sa femme a pris soin de concocter pour lui. Il s'installe devant la télé pour se détendre. Bizarrement, sa femme ressent de la colère ! Il est probable qu'il ne remangera pas de sitôt son plat préféré.

Si, à l'inverse, il avait été enthousiaste, s'était régalé et l'avait dit à sa femme, elle aurait eu envie de recommencer.

Dans le premier cas, l'émotion négative induite par l'absence de remerciement de la part du mari va avoir pour effet d'interrompre un comportement, alors que, dans le second, l'émotion positive va augmenter les chances que le comportement se reproduise.

On peut utiliser cette propriété et augmenter chez les autres la probabilité d'un comportement en suscitant chez eux certaines émotions (voir p. 228).

Au travail[50], lorsque l'on encadre ou dirige une équipe, il est important de prodiguer de la reconnaissance par des mots ou par des « récompenses ».

La façon de dire les choses est importante. Évitez le « vous travaillez bien » ou « vous êtes un bon employé ». Trop généraliste, cette appréciation risque de produire l'effet inverse de celui escompté. Votre employé risque de vous regarder avec suspicion, en se disant : « Il dit ça pour me faire plaisir, qu'est-ce que cela cache ? » Vous ne paraîtrez pas sincère, vous aurez l'air condescendant. Ne renforcez qu'un seul comportement. Si vous avez un employé modèle dont la plupart des comportements professionnels vous donnent satisfaction, faites autant de remarques positives qu'il y a de comportements positifs.

Soyez authentique quand vous vous impliquez. Si vous faites des remarques positives pour manipuler, en disant des choses exagérées que vous ne ressentez pas réellement, votre langage non verbal vous trahira probablement, et vos éloges susciteront plus de méfiance que de satisfaction. Au travail, par exemple, dites plutôt « cela m'a rendu service » que « cela m'a fait plaisir ».

Les compliments sont la plupart du temps beaucoup plus efficaces que les critiques. Si vos enfants ne rangent pas leur chambre, vous modifierez bien davantage leur comportement en soulignant combien vous étiez satisfait la fois où ils ont rangé trois bricoles qu'en criant que vous en avez ras le bol qu'ils soient aussi désordonnés !

Notre façon d'agir modifie nos émotions

Nous avons tendance à réagir, à agir toujours un peu de la même façon. Nos façons d'agir peuvent nous maintenir dans des émotions négatives.

En étant agressif, je vais faire fuir les autres et continuer à souffrir de la solitude. Cela me rendra encore plus agressif.

En restant systématiquement en retrait dans les soirées, je vais continuer à me sentir triste et sans intérêt.

Nous avons des difficultés à modifier nos façons d'agir en partie parce qu'on ne nous a pas appris à faire autrement et en partie parce que tout changement fait PEUR. Le changement a un coût émotionnel immédiat. Changer une façon d'agir génère de l'anxiété, des doutes, du découragement, par moments aussi de la colère contre soi, bref, de l'inconfort en barre.

La peur va diminuer (c'est l'« habituation ») si **nous affrontons répétitivement et progressivement ce qui nous fait peur**. Cela s'appelle l'« exposition ».

Ce principe de l'exposition s'applique à toutes les peurs : à la peur de l'extérieur, à la peur des autres, à la peur de ses pensées, et même à la peur des émotions (voir comment diminuer sa peur des émotions en s'y exposant page 202).

Nous sommes capables d'agir différemment. Nous pouvons remplacer une mauvaise habitude par une bonne. Pour cela, il faut imiter, répéter, s'encourager. En modifiant des comportements anciens, nous modifierons nos émotions à court terme et à long terme.

En résumé

Nos émotions nous poussent à agir différemment. Nos émotions négatives nous indiquent que nous devons chercher à faire face autrement. Elles nous protègent en nous faisant prendre conscience que la condition actuelle n'est pas bonne pour nous et en nous poussant à intervenir. Et notre nouvelle façon d'agir va avoir une incidence sur notre émotion.

ÉMOTIONS ⇄ COMPORTEMENTS

CHAPITRE 2

D'où viennent notre tristesse, notre peur et notre colère ?

Les six origines de nos émotions

Pendant une période, j'ai cru que mes émotions étaient uniquement liées à mon passé, à ce que j'avais vécu enfant. Je pensais qu'une fois la personnalité constituée à la fin de l'adolescence il était difficile de ne pas ressentir indéfiniment les mêmes souffrances. Je pensais donc que seules des thérapies s'occupant du passé permettaient d'aller mieux.

À d'autres moments, je me suis dit que mes tristesses, mes peurs, mes colères étaient liées au présent et qu'elles disparaîtraient si je modifiais ma façon d'agir et ma façon de penser actuelles. Je pensais donc que seules des thérapies s'occupant de l'ici et maintenant permettaient d'aller mieux.

Peu à peu, j'ai découvert que j'avais, chaque fois, eu raison : le passé, la personnalité, les comportements, la façon de penser et le contrôle influencent effectivement les émotions.

J'ai découvert aussi que j'avais eu, chaque fois, tort : je pensais que c'était tel facteur qui influençait les émotions *ou* tel autre. Or les émotions subissent des influences conjointes.

Le schéma ci-dessous résume les principales origines de nos émotions. Nos tristesses, nos peurs et nos colères proviennent de nos sensations physiques (j'avais complètement oublié l'influence capitale du corps dans mes supputations de jeune psychiatre), de nos pensées, de nos comportements mais aussi de notre tempérament, de nos expériences passées et enfin des événements plus ou moins contrôlables de notre présent.

Incidemment, dans le chapitre précédent, nous avons vu que certains de ces facteurs pouvaient être à la fois cause et conséquence de nos émotions ; nous avons vu comment les émotions faisaient bouger notre corps, nos pensées et nos actions et comment ceux-ci au retour pouvaient influencer nos émotions.

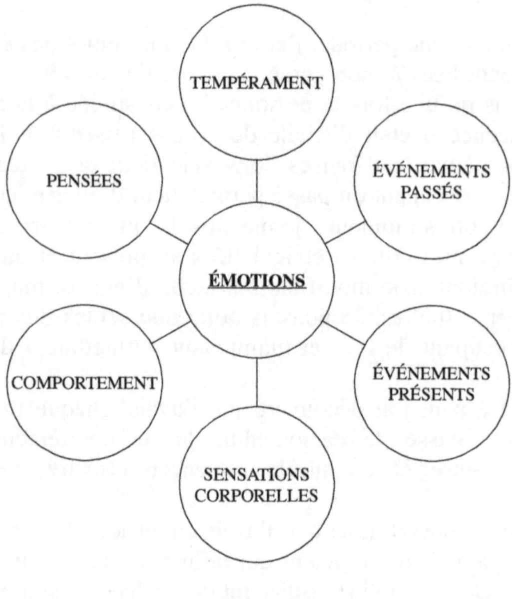

Quand nous éprouvons de la tristesse, du stress, de la peur ou de la colère, notre premier réflexe est généralement d'en rechercher les causes dans les **événements** que nous venons de vivre. Nous allons étudier, de plus près, la manière dont ces événements qui jalonnent la vie peuvent nous faire souffrir

Les émotions de la vie

Nous établissons souvent des hiérarchies en nous disant : « Tel événement anodin ne devrait pas créer cette réaction en moi. »

Qu'est-ce qui fait que les événements sont parfois si difficiles à vivre sur le plan émotionnel ?

- L'impossibilité de les prévoir, de les anticiper, de les maîtriser,
- leur cumul,
- leur gravité,

sont autant de facteurs qui nous amèneront à souffrir davantage des événements présents.

➤ *Les événements de la vie de tous les jours*

Les petits événements de la vie quotidienne[1]

Plus nous subissons de petits stress, plus nous sommes réactifs. Ainsi, le bruit d'une Mobylette sans pot d'échappement qui passerait inaperçu en vacances, parce que nous sommes détendu, va nous donner des envies de meurtre quand nous terminons une journée difficile.

Les événements de la vie de tous les jours, isolément, sont émotionnellement tout à fait gérables : s'occuper des enfants, faire les courses, tenir sa maison, être à l'heure à l'école, chez le dentiste, à son travail, se dégager du temps pour les loisirs…

Si s'ajoutent à cela des désaccords avec nos collègues, les cris ou les chamailleries de notre progéniture, une panne de réfrigérateur, un découvert à la banque, ou des petits soucis de santé, les couches de petits stress se sont amoncelées, et un dernier événement anodin va générer une réaction émotionnelle intense. Nous allons dégoupiller pour une vétille.

C'est une des raisons pour lesquelles il faut donner de l'importance à nos petits stress et à nos petites émotions.

Le travail

Plusieurs paramètres peuvent rendre l'exercice de notre profession émotionnellement difficile :

- **La demande**, c'est-à-dire les exigences, qu'elles émanent de l'extérieur ou de nous-même. Toutes professions confondues, la pression du temps, les responsabilités, la gravité des conséquences en cas d'erreurs, ou des conditions de travail physiquement difficiles sont des facteurs qui augmentent la demande, donc le stress.
- **Le stress est inversement proportionnel à la possibilité de contrôle**.

Par exemple, en service d'urgence, à demande égale, c'est-à-dire à quantité de travail égale, on a observé que les médecins étaient moins stressés que les infirmières. Les médecins ont davantage de contrôle, ils sont plus décisionnaires que les infirmières, qui doivent obéir à des consignes. Nous maîtrisons moins le cours des choses quand nous travaillons pour quelqu'un, quand notre fonction a une définition floue, quand l'organisation de l'entreprise est instable, quand nous ignorons à quoi sert notre travail, quand nos compétences ne correspondent pas au poste que nous occupons (sur- ou sous-qualification) ou, même si cela semble assez paradoxal, quand on nous donne insuffisamment de travail. Ces facteurs rattachés à l'absence de contrôle sont insidieusement stressants.

- Enfin, comme à la maison, les conflits peuvent induire du stress ; qu'ils concernent nos collègues ou les valeurs de l'entreprise.

➤ *Les événements de vie*

Les « événements de vie » induisent des émotions de joie, de tristesse, de colère... Ce qui est plus surprenant, c'est qu'ils génèrent aussi du stress, et cela, même s'ils sont positifs. Ainsi, le mariage, la grossesse, les fêtes sont des événements de vie qui induisent du stress. Cela est valable non seulement dans le domaine privé, mais aussi dans tous les domaines : être promu professionnellement est stressant, faire une grande fête avec ses amis aussi. En réalité, tout changement induit du stress[2]. On peut **considérer le stress comme** une émotion qui n'aurait pas tout à fait sa forme définitive, **une sorte de « bébé » émotion** (on ne sait pas trop à quoi il va ressembler plus tard), pouvant correspondre à de la joie, de la tristesse, de la colère ou de la peur[3]. Le stress se manifeste physiquement comme un état d'activation du corps indifférencié, et l'étiquetage par la tête se fera ensuite dans le sens de telle ou telle émotion.

Les événements de vie induiront d'autant plus de stress qu'ils seront nombreux, incontrôlables, imprévisibles et ambigus.

Les événements de vie, quand ils induisent trop de stress, ont une incidence sur notre santé physique et psychologique.

Le stress **chronique** est un facteur de risque de maladies cardio-vasculaires et gastro-intestinales, et il contribue à déclencher des manifestations anxieuses et dépressives.

Deux auteurs ont rassemblé, à partir du vécu de milliers de personnes, un certain nombre d'événements de vie stressants[4]. Ils proposent un test intéressant. En additionnant les points correspondant aux événements que l'on a vécus l'année passée, on obtient un total qui estime le pourcentage de risque que l'on a de développer une maladie dans les deux ans à venir.

Si le total se situe entre 150 et 199, cette échelle indique que l'on a un risque sur trois de faire une maladie bénigne dans les deux ans à venir si l'on ne fait rien pour endiguer son stress.

Tableau évaluant la quantité de stress moyenne générée par les événements de vie

Additionnez le nombre de points correspondant aux événements de vie qui se sont produits pour vous dans les 12 derniers mois :	
Mort d'un conjoint	100
Divorce	73
Séparation conjugale	65
Temps passé en prison	63
Mort d'un proche dans la famille	63
Blessure ou maladie	53
Mariage	50
Licenciement	47
Reprise de vie conjugale	45
Mise à la retraite	45
Ennui de santé d'un parent proche	44
Grossesse	40

Problèmes sexuels	39
Arrivée d'un nouveau membre dans la famille	39
Difficultés professionnelles significatives	39
Modification de situation financière	38
Mort d'un ami intime	37
Changement de situation professionnelle	36
Multiplication de disputes conjugales	35
Hypothèque ou dette importante	31
Changement de responsabilités professionnelles	29
Fils (ou fille) quittant la maison	29
Problèmes avec les beaux-parents	29
Exploit personnel marquant	28
Conjoint se mettant à travailler ou s'arrêtant	26
Début ou fin de scolarité	26
Changement de conditions de vie	25
Modification d'habitudes personnelles	24
Difficultés avec un patron	23
Changements d'horaires ou de conditions de travail	20
Déménagement	20
Changement d'école	20
Changement de loisirs	19
Changement religieux	19
Changement d'activités sociales	18
Hypothèque ou emprunt minime	17

Changement dans les habitudes de sommeil	16
Changement de rythme des réunions de famille	15
Changement des habitudes alimentaires	15
Vacances	13
Noël	12
Amendes ou contraventions	11

Échelle d'ajustement social de Holmes & Rahe

- Si le total est entre 200 et 299, on a un risque sur deux.
- Si le total est supérieur à 300, on a plus de trois risques sur quatre de faire une maladie sérieuse dans les deux ans.

Cette échelle, quoiqu'un peu alarmiste, est intéressante. Elle montre la nécessité de prendre conscience de notre stress et d'apprendre à le gérer.

➤ *Les événements traumatiques*

Certains événements sont gravissimes[5] lorsqu'ils menacent directement notre vie ou notre intégrité physique, comme vivre une catastrophe naturelle (une inondation, un séisme, un ouragan), vivre un accident grave d'avion, de voiture, de train, de travail, vivre un acte criminel violent en tant que victime ou en tant que témoin, une agression, de la maltraitance, un viol, un inceste, une prise d'otages, un hold-up, vivre la guerre et son lot d'atrocités…

L'impact émotionnel est d'autant plus grave que ces événements sont sévères, soudains ou inattendus, qu'ils se prolongent ou se répètent, qu'ils sont intentionnels, et qu'ils font courir des risques aux gens qu'on aime.

Unanimement, l'expérience d'un événement traumatique bouleverse. On ressent de la terreur, de l'effroi, de la peur, de l'angoisse. On peut aussi se sentir coupable de survivre.

On peut ensuite ne jamais réussir à « digérer » cet événement traumatique et développer ce que l'on appelle un *état de stress posttraumatique* ou *PTSD*. Ce trouble est un état d'angoisse persistant bien après le traumatisme, lequel est, sans arrêt, revécu intérieurement. On ne peut plus décrire avec des mots ce qui s'est passé[6,7]. La mémoire est affectée : ou bien les souvenirs sont intrusifs, itératifs, c'est-à-dire qu'on revit sans arrêt l'événement, ou bien le souvenir est fragmenté, comme des pièces de puzzle éparses avec des morceaux très détaillés et d'autres manquants, mais sans possibilité d'avoir une vision claire et chronologique du déroulement de l'événement.

Évoquer l'événement est impossible : en entendre parler à la télévision, lors de films, de conversations ou lire des informations est insoutenable, de même que le contact avec des objets ou des stimuli « neutres » en soi mais présents lors de l'événement.

> Ainsi, Véronique, qui a été violée par un criminel en sueur, confie qu'elle ne peut plus supporter de sortir dans la rue, d'aller dans une salle de gym, de prendre les transports en commun car, chaque fois qu'elle croise des personnes en sueur, cela lui fait revivre le viol qu'elle a subi.

Tout en sachant que c'est un leurre, nous avons tous besoin, pour vivre, de nous sentir invulnérable et immortel[8]. Avant l'expérience d'un tel événement, nous avions l'illusion que le monde était bon, bienveillant, juste, logique. L'expérience d'un événement traumatique détruit toutes ces croyances et altère notre sentiment de sécurité intérieure.

Une personne sur trois ayant subi un choc grave développera *un état de stress posttraumatique*.

Les réactions émotionnelles face à un événement traumatique varieront en fonction des caractéristiques de l'événement lui-même – et là nous sommes totalement impuissant –, mais aussi en fonction de la manière dont on va interpréter sa cause, ses conséquences. Si l'on interprète la survenue d'un événement traumatique, en faisant des attributions internes, stables et globales (voir p. 39), en pensant par exemple qu'on a fait quelque chose pour mériter ça, que c'est notre faute, que ce sera toujours comme ça, le risque de syndrome de stress posttraumatique est plus grand[9].

À l'inverse, si nous attribuons des causes externes, temporaires et spécifiques, cela réduit le risque de développement du PTSD.

Notre personnalité et le type de soutien que nous recevrons[10] peuvent atténuer les conséquences émotionnelles d'un événement aussi dramatique.

C'est sur ces facteurs qu'il faut agir. Il **ne faut pas hésiter à se faire aider**. La présence de l'entourage, s'il est soutenant et chaleureux, est primordiale.

En résumé

Les événements banals du quotidien, les événements de la vie ou les événements traumatiques peuvent générer des émotions négatives et du stress d'autant plus qu'ils seront cumulés et que nous n'aurons pas la possibilité d'agir dessus. Moins nous pouvons contrôler, plus nous souffrons.

Or nous ne pouvons pas tout contrôler. Tout ce que nous vivons n'est pas de notre fait ni de notre faute. L'accepter est fondamental pour diminuer les séquelles émotionnelles des événements dramatiques.

Être vigilant à nos émotions négatives nous permet d'agir sur les événements quand ils sont contrôlables ou d'agir sur nos émotions quand ils ne le sont pas (voir p. 181).

Les émotions du passé

> « Toute émotion, tout comportement, a une histoire qui s'inscrit dans le passé de l'individu. Le passé comprend à la fois la manière dont nos gènes ont bâti notre cerveau et l'intégralité de nos expériences vécues. Il serait donc absurde de fonder nos émotions sur une seule de ces deux composantes : déterminisme génétique ou histoire individuelle[11]. »

Je téléphone à mon mari, sans savoir qu'il est en réunion. Il me répond laconiquement, avec sa voix « professionnelle ». Quand je raccroche, je suis très en colère. Pourtant, je sens qu'il y a un décalage entre ce que je ressens et ce qui s'est passé. J'ai conscience que, rationnellement, je devrais comprendre qu'il ne peut pas, devant tous ses collègues en réunion, me dire : « Ça va mon lapin ? » Je le comprends avec ma tête, mais je continue d'avoir mal dans mes tripes. Il y un décalage entre l'ampleur de mes émotions et les faits. Pourquoi l'analyse rationnelle de la situation ne suffit-elle pas à atténuer ma souffrance ? Pourquoi est-ce que je me sens subitement abandonnée, sans importance, sans valeur ? Que se passe-t-il en moi ?

Le présent est parfois parasité par le passé. Certaines situations présentes apparemment anodines augmentent l'intensité de notre tristesse, de notre colère ou de notre peur car elles réactivent de vieux souvenirs, des douleurs enfouies, un conditionnement que nous avons subi dans l'enfance.

Comment notre passé peut-il influencer nos émotions présentes ?

➤ *L'enfance peut laisser des traces émotionnelles*

Anne, lorsqu'elle était petite, assistait à des scènes de violence entre sa sœur et son père. Sa mère n'intervenait pas.
Elle a alors ressenti de la peur, sans pouvoir en être consciente puisqu'elle était enfant. En revanche, sa peur s'est manifestée par des réactions physiques et par des comportements.

Lorsque les besoins d'un enfant ne sont pas satisfaits, il le perçoit avec ses sens. Cela crée une réaction physique ; l'expression de son visage se modifie, des choses se passent au niveau de ses viscères, sa posture et ses attitudes changent. Ces réactions physiques et comportementales (*action tendencies*) sont les huit réactions émotionnelles à la disposition d'un enfant pour s'adapter à ce qu'il vit[12]. Pour une grande part, ces réponses physiques sont innées.

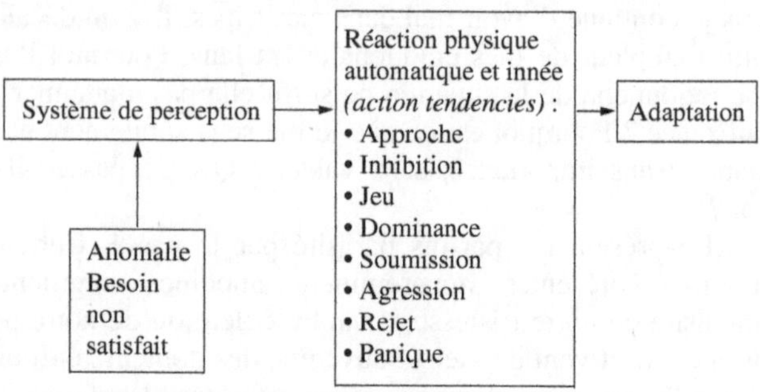

Émotions primaires[13]

Chacune de ces huit *action tendencies* (approche, inhibition…) correspond à un état précis du corps et permet à l'enfant d'obtenir la satisfaction de ses besoins.

• Louise a un an. Elle s'amuse avec son jouet. Mathis, son frère, qui a deux ans et demi, le lui arrache des mains. Louise perçoit avec ses sens que Mathis le lui a pris. Elle réagit par l'*agression* en criant et en tapant par terre. Mathis perçoit que, lorsque Louise joue, son papa et sa maman la regardent. Il réagit par la *dominance*. L'agressivité de Louise est adaptative car ses cris poussent ses parents à lui rendre son jouet. La *dominance* de Mathis l'est aussi car ses parents se fâchent contre lui et, ce faisant, lui accordent l'attention dont il avait besoin.

• **Anne a réagi émotionnellement par la soumission.**
Sa réaction de soumission était tout à fait adaptée puisqu'elle lui permettait de ne pas, elle-même, subir de violence. Elle devançait les moindres désirs de son père, elle travaillait très bien à l'école, elle donnait son avis le moins possible. Ainsi, son père ne s'énervait pas.
La scène de violence entre sa sœur et son père aurait pu rester ponctuelle mais elle s'est répétée.
Anne a assisté à beaucoup de scènes similaires.
Chaque fois, elle a eu la même réaction émotionnelle. Une sorte d'automatisme s'est créé.

Le caractère répétitif d'une expérience traumatique extérieure et de la réaction émotionnelle intérieure amène un enfant à tirer des conclusions inconscientes[14] :

- si on le laisse fréquemment sans soin, il finit par en conclure : « on me laissera toujours sans soin, je devrais toujours me débrouiller seul(e) » ;
- s'il subit des carences affectives répétées, il va en déduire : « on ne peut pas m'aimer » ;
- si on l'assiste chaque fois qu'il tente de faire quelque chose, il peut se dire : « je suis un incapable » ;
- si, fréquemment, on fait comme s'il n'était pas là, il va penser de lui-même : « je suis transparent(e) » ;

– si on l'envahit répétitivement, il croira que : « les autres sont étouffants » ;
– si on le culpabilise itérativement, il aura comme vision interne : « je fais du mal » ;
– s'il vit des expériences répétées ou graves d'insécurité, il intégrera : « je suis en danger » ;
– …

À cause de ce que son père faisait subir à sa sœur, Anne a enregistré dans l'enfance : « Le monde n'est pas sécurisant. »

Ces conclusions inconscientes permettent à l'enfant de retrouver un sentiment de contrôle et de faire des prévisions sur l'avenir. On appelle cette conclusion le *schéma précoce inadapté*, que nous appellerons simplement *schéma*.

➤ *La peur de revivre le passé*

À l'âge adulte, l'environnement d'Anne a changé. Elle ne vit plus avec ses parents.
Elle est mariée avec un homme doux, elle a trois enfants en bonne santé. Elle a des collègues sympathiques, des amies.
Seulement, Anne se sent très mal dès qu'elle devine la plus banale tension relationnelle. Au travail, elle craint toujours de mal faire, et cela l'empêche de dormir. Avec ses amies et ses enfants, elle essaie systématiquement de devancer leurs souhaits et leurs désirs, elle sait que ça les agace, mais elle ne peut pas faire autrement.

Un schéma s'est construit à partir de ses expériences émotionnelles passées, et il produit de façon très rapide, automatique, une évaluation « émotionnelle » de ce que l'on est en train de vivre.

Un schéma n'est pas une mauvaise chose en soi. S'il se modifie en fonction de mes nouvelles expériences émotionnelles (s'il y a « accommodation »), il n'y a aucun problème. Si, en revanche, mon schéma me fait transformer la réalité pour qu'elle soit conforme à mon idée préconçue, il est rigide (il « assimile ») et il va me faire souffrir.

Les conclusions que nous avons tirées dans notre enfance des événements que nous avons subis ne sont plus forcément adéquates avec ce que nous vivons aujourd'hui. Sans nous en rendre compte, nous sommes hanté par la peur de revivre le passé, et c'est cela qui nous fait ressentir des émotions excessives lors de situations ou événements neutres.

Puisque, dans l'enfance, nous n'avons pas eu conscience que nous tirions cette conclusion de nos expériences, nous avons des difficultés aujourd'hui à comprendre que le problème se situe en nous-même. Nous croyons généralement que la raison « objective » de notre émotion actuelle est cette situation ou cet événement que nous venons de vivre. Notre schéma est généralement *égosyntonique* (voir p. 208).

Nos émotions excessives présentes, rattachées à l'activation de notre schéma, se déclenchent généralement dans un contexte présentant des points communs avec celui qui est à l'origine de notre schéma dans le passé.

Ainsi, un adulte qui aura, enfant, souvent été délaissé pendant de longues heures se sentira très mal au moindre éloignement d'un de ses proches. Son schéma d'abandon va s'activer et déclencher des émotions violentes.

> Chez Anne, ce sont les tensions relationnelles entre ses collègues, ou l'expression d'une contrariété d'un proche qui génèrent une peur excessive.

Ces circonstances « gâchettes » réactivent un souvenir difficile mais non étiqueté comme tel et génèrent en nous une réaction automatique et incontrôlable, la même que nous avons eue enfant, et des émotions excessives.

➤ *Faire la part des émotions du passé et du présent ?*

Pour rendre les choses encore un peu plus compliquées, nos émotions actuelles sont parfois la somme d'une émotion adaptée, du présent et d'une émotion du passé inadaptée, la proportion de chacune pouvant varier :

- L'émotion peut être à 100 % une émotion adaptée, « légitime », reliée uniquement au présent. Il est normal que j'aie peur si on me menace au travail, que je sois en colère si on lèse mes droits et que je sois triste si je perds une amie. Ce sont des émotions que les autres pourraient avoir dans les mêmes circonstances.
- L'émotion peut être à 100 % une émotion liée au passé. Ce serait le cas si je ressentais de la colère alors que ma mère me demande gentiment comment je vais. Je sens bien, dans ce cas, que ma colère n'a rien à voir avec la situation présente mais plutôt avec toutes les fois où, petite, elle ne m'a pas posé la question.

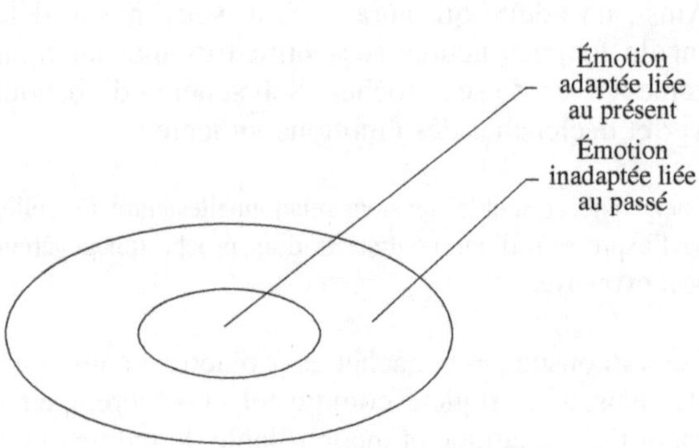

Composition d'une émotion

– Enfin, l'émotion peut être un mélange du passé et du présent. Par exemple, une amie m'a promis de me téléphoner dans l'après-midi. Elle ne le fait pas. En fin d'après-midi, je pleure et je ne me sens importante pour personne. Il est normal que je sois déçue et triste que mon amie n'ait pas tenu sa promesse. C'est l'émotion adaptée. Mais cela a aussi réactivé mon schéma d'abandon et ma prédiction que personne ne peut m'aimer. C'est l'émotion inadaptée liée au passé qui se surajoute à l'émotion adaptée générée par le présent et qui en augmente l'intensité.

En résumé

Certaines situations présentes réveillent le souvenir du passé, sans que nous en ayons conscience.

Cela déclenche des émotions violentes, excessives par rapport à la situation que nous sommes en train de vivre et des réactions, des comportements que nous ne pouvons contrôler. Nous réagissons de la même manière que nous réagissions lorsque nous étions enfant. Ces réactions étaient destinées à nous protéger dans l'enfance, mais elles ne sont plus adaptées aujourd'hui, elles nous desservent.

Quels que soient les comportements que nous adoptons (voir p. 159), quelles que soient la volonté que nous exerçons ou la conscience « froide » que nous avons du problème, tant que nous n'aurons pas revisité **émotionnellement** notre passé (voir p. 212), il risque de resurgir sous forme de colère, de tristesse et de peur excessives.

➤ *Le tempérament*

Nous ne réagissons pas tous de la même manière aux traumatismes que nous pouvons avoir subis dans l'enfance[15]. Les interactions que nous avons eues avec nos parents sont importantes, mais elles ne constituent pas le déterminant unique de la destinée[16].

Nous avons une fragilité, une propension ou au contraire une protection, génétique qui va faire que nous allons développer ou non un schéma et en souffrir. C'est ce que l'on appelle le *tempérament*.

On le voit chez nos enfants : ils sont, dès leur plus jeune âge, plus ou moins émotifs, plus ou moins optimistes, plus ou moins anxieux, plus ou moins timides ou agressifs[17]...

Par tempérament[18], nous sommes différents devant les émotions. Le *tempérament émotionnel*, ce sont les caractéristiques émotionnelles innées d'un enfant.

En fonction du type de tempérament, peu de stimulations produiront beaucoup d'émotions ou, à l'inverse, beaucoup de stimulations produiront peu d'émotions. Certains ressentiront davantage les émotions négatives (tempérament dysthymique) ou davantage les positives (tempérament optimiste). D'autres peuvent avoir un tempérament anxieux, sujet à la peur ou bien calme. On peut être obsessionnel, obstiné, pugnace, ne lâchant pas l'affaire ou, à l'inverse, distrait, tête en l'air, et dans ce cas les événements glissent.

On peut avoir aussi de façon innée un tempérament passif ou bien agressif, un tempérament irritable ou jovial, enfin, on peut être timide ou très sociable.

Les deux jumeaux remuants de Lynette, dans *Desparate Housewives*, n'ont certainement pas des tempéraments passifs !

En tant que parent, je trouve déculpabilisant de connaître ces différents tempéraments. Cela permet de comprendre que ce n'est pas l'éducation qui fait tout.

Si le tempérament d'un enfant est très marqué, très fort, c'est cette influence qui prendra le dessus sur celle de l'environnement dans le développement ultérieur de sa personnalité. Un enfant au tempérament très optimiste restera sans doute un adulte optimiste même s'il a eu des parents chafouins.

Le tempérament émotionnel a un impact sur les événements : ainsi un tempérament agressif chez un enfant peut-il susciter davantage de violence autour de lui.

Les parents ont malgré tout un rôle à jouer puisque, si l'environnement de l'enfant est extrêmement mauvais ou extrêmement bon, il prendra le dessus sur le tempérament de l'enfant[19].

Audrey était une enfant au tempérament agressif. Elle se battait souvent avec ses camarades à l'école. Elle piquait des crises de colère quand on lui refusait quelque chose. Ses parents lui ont appris à canaliser son agressivité en la laissant pratiquer les sports violents qu'elle aimait. Par ailleurs, c'étaient des gens affirmés qui, lorsqu'elle leur parlait de façon agressive, reformulaient autrement ce qu'elle disait. Ils mettaient en valeur le fond, mais ils modifiaient la forme. À « Ma prof de maths est une conne », ils répondaient : « Qu'est-ce qui t'a mise en colère aujourd'hui, qu'est-ce qui a été difficile aujourd'hui avec ta prof ? » Audrey est aujourd'hui une personne très énergique dans son travail, déterminée et sociable. Le « bon » environnement dont elle a bénéficié a pris le dessus sur son tempérament inné agressif.

En résumé

Nous avons, chacun, des prédispositions génétiques, un tempérament émotionnel différent.

Par conséquent, même si nous avions tous vécu les mêmes événements dans l'enfance, nous aurions, de toute façon, des personnalités différentes et par là même une façon de ressentir les choses et des émotions différentes.

CHAPITRE 3

Faire plus ample connaissance avec soi-même

Nos tempéraments, les événements que nous avons vécus font que nous ne ressentons pas de la même façon. Pouvons-nous connaître, voire anticiper nos façons de ressentir ?

Peut-on ne rien ressentir ou éviter de souffrir ? Dans ce cas, est-on plus heureux ?

Pour tirer tout cela au clair, nous allons essayer de mieux connaître nos tendances émotionnelles, nos difficultés émotionnelles, nos maladies émotionnelles. Sachant comment nous fonctionnons, nous aurons davantage de prise sur nos émotions négatives et, sachant que les choses ne sont pas inéluctablement figées mais susceptibles d'évolution[1], nous pourrons apprendre à moins souffrir.

Quelles sont mes tendances émotionnelles actuelles ?

Nous allons d'abord découvrir nos tendances émotionnelles[2], c'est-à-dire l'état actuel de nos émotions en réalisant une sorte d'instantané de notre état émotionnel à l'aide d'un petit questionnaire. Il va nous permettre de déterminer dans quel type de phase émotionnelle nous nous trouvons **temporairement** : sommes-nous davantage dans une « émotionnalité » positive, c'est-à-dire dans une phase émotionnelle riche en émotions positives, ou au contraire dans une émotionnalité plutôt négative ?

Le questionnaire qui suit est un outil intéressant pour se comparer dans le temps à soi-même, pour se situer, pour voir comment on évolue, pour vérifier ses progrès.

➤ *Suis-je dans une phase émotionnelle positive ou négative ?*

Cet inventaire[3], appelé EPN 31 et créé par J. P. Rolland, porte sur des émotions que vous avez pu avoir l'occasion de ressentir. En considérant le mois passé, estimez (approximativement) la fréquence selon laquelle vous avez pu ressentir chacune de ces émotions.

	Jamais	**Une fois par mois**	**Plusieurs fois par mois**	**Une fois par semaine**	**Plusieurs fois par semaine**	**Une fois par jour**	**Plusieurs fois par jour**
1. Affection							
2. Amour							
3. Anxiété							
4. Bienveillance							
5. Bonheur							
6. Chagrin							
7. Colère							
8. Confusion							

9. Culpabilité							
10. Découragement							
11. Dégoût							
12. Embarras							
13. Étonnement							
14. Fierté							
15. Fureur							
16. Honte							
17. Humiliation							
18. Inquiétude							
19. Irritation							
20. Joie							
21. Nervosité							
22. Peur							
23. Plaisir							
24. Regret							
25. Satisfaction							
26. Solitude							
27. Surprise							
28. Stupéfaction							
29. Sympathie							
30. Tendresse							
31. Tristesse							

➤ *Résultats du test*

Jamais compte 0 point, **une fois par mois**, 1 point, **plusieurs fois par mois**, 2 points, **une fois par semaine**, 3 points, **plusieurs fois par semaine**, 4 points, **une fois par jour**, 5 points, et **plusieurs fois par jour** compte pour 6 points.

Ce questionnaire nous permet de calculer deux scores importants : le score de nos émotions positives (de 0 à 100) et le score de nos émotions négatives (de 0 à 100).

• Pour calculer votre score P correspondant à vos émotions positives, faites la somme de vos réponses aux items 1, 2, 4, 29, 30, 5, 14, 20, 23, 25. Puis divisez le résultat obtenu par 0,6. Vous avez alors votre score P.

• Pour calculer votre score N d'émotions négatives, faites la somme de vos réponses aux questions 3, 6, 7, 8, 9, 10, 11, 12, 15, 16, 17, 18, 19, 21, 22, 24, 26, 31. Puis divisez le résultat obtenu par 1,08. Vous avez votre score N.

• On peut calculer un troisième score, le score S correspondant aux émotions de surprise. En revanche, on ne sait pas trop comment interpréter ce score. Si cela vous intéresse quand même, vous pouvez faire la somme des résultats aux items 13, 27, 28, et diviser le tout par 0,18.

Approximativement (d'autres études méritent encore d'être effectuées), les scores de la plupart des gens ne souffrant d'aucun problème psychologique particulier se situent dans les fourchettes suivantes (données seulement à titre indicatif) :

– score P entre 48 et 86,
– score N entre 19 et 30,
– score S entre 15 et 52.

➤ *Suis-je normal(e) ?*

Ces fourchettes permettent de percevoir une notion très importante : nous n'avons pas un « électro-émotionnogramme » plat. Ca, c'est quand on est mort !

La normalité, ce sont des émotions positives **et** des émotions négatives.

D'ailleurs, contrairement aux idées reçues, on ne définit pas le **bien-être** comme une présence exclusive d'émotions positives (ça, c'est quand on prend de la cocaïne, et ça ne dure pas longtemps), mais comme davantage d'émotions positives que d'émotions négatives[4]. La définition du bien-être n'exclut donc pas les émotions négatives : on souffre[5] *et* on se réjouit[6]. Personnellement, je trouve rassurant de savoir que je suis comme tout le monde, quand j'ai peur, que je suis triste ou en colère. Cela me fait me sentir moins honteuse de mes émotions négatives (voir « Émotions secondaires » p. 104).

On peut faire régulièrement ce test. Si, de mois en mois, nos scores P et N bougent peu, si nos tendances émotionnelles sont toujours les mêmes, nous ne sommes plus dans un état émotionnel conjoncturel mais dans un **profil** émotionnel.

Le *profil émotionnel* est une des manifestations de la personnalité. Ce sont, en quelque sorte, les émotions prévisibles d'une personne. Quels que soient le contexte et les événements, nous pouvons avoir des « façons de ressentir » stables.

Ces profils émotionnels peuvent nous faire souffrir, c'est pourquoi il est important de les connaître.

Découvrir son profil émotionnel

Si nos scores P sont **régulièrement** supérieurs aux normes indiquées, nous avons alors un profil émotionnel de personnalité appelé « extraversion » (dans une acception du terme un peu plus détaillée que celle du sens commun). Ce terme « extraversion » désigne ici une **prédisposition** aux émotions positives. Si nos scores P sont régulièrement en dessous des moyennes, nous avons un profil qui ne nous prédispose pas aux émotions positives, appelé « introversion ».

Si notre score N est itérativement supérieur aux fourchettes indiquées, nous avons alors un profil appelé « neuroticisme » que l'on appellera aussi hypersensibilité. Ce profil est générateur d'émotions négatives et instables. Si nos scores N sont souvent en dessous des moyennes, nous avons le profil « stabilité émotionnelle », profil qui ne pose généralement pas de problème aux personnes concernées, c'est pourquoi nous n'en parlerons pas. Ces deux traits de personnalité (extraversion-introversion et neuroticisme-stabilité émotionnelle) sont distincts, c'est-à-dire qu'on peut avoir l'un et l'autre ou l'un ou l'autre, ils sont indépendants, ils ne sont pas liés.

➤ *Suis-je extraverti(e) ?*

Pour vérifier que votre profil est bien l'« extraversion », vous pouvez faire un test complémentaire[7].

	OUI	NON
1 – Avez-vous de nombreux loisirs ?		
2 – Aimez-vous beaucoup parler ?		
3 – Êtes-vous plutôt quelqu'un plein d'entrain ?		

	OUI	NON
4 – Êtes-vous habituellement décontracté(e) et vous amusez-vous bien dans une soirée animée ?		
5 – Aimez-vous rencontrer de nouvelles personnes ?		
6* – Avez-vous tendance à rester en arrière-plan quand vous êtes en société ?		
7 – Aimez-vous sortir beaucoup ?		
8* – Préférez-vous lire plutôt que de voir des gens ?		
9 – Avez-vous beaucoup d'amis ?		
10 – Vous considérez-vous comme insouciant(e) ?		
11 – Est-ce vous qui prenez généralement l'initiative lorsque vous vous faites de nouveaux amis ?		
12* – Êtes-vous le plus souvent silencieux lorsque vous êtes avec d'autres personnes ?		
13 – Savez-vous aisément égayer une soirée ennuyeuse ?		
14 – Aimez-vous raconter des plaisanteries ou des histoires drôles à vos ami(e)s ?		
15 – Aimez-vous vous mêler à d'autres personnes ?		
16 – Les gens disent-ils que vous agissez parfois de manière irréfléchie ?		
17 – Répondez-vous presque toujours du tac au tac lorsqu'on vous parle ?		
18 – Aimez-vous les activités dans lesquelles vous devez agir vite ?		
19 – Prenez-vous souvent des décisions sous l'impulsion du moment ?		
20 – Avez-vous tendance à entreprendre trop d'activités par rapport au temps dont vous disposez ?		

	OUI	NON
21 – Savez-vous mettre en train une soirée ?		
22 – Aimez-vous avoir beaucoup de mouvements et d'agitation autour de vous ?		
23 – Les gens vous estiment-ils plein d'entrain ?		

Correction : comptez un point par oui pour toutes les questions sauf pour les questions n° 6, 8 et 12 (*) dans lesquelles vous comptez un point si vous avez répondu non. Faites le total.

Résultats :

Vous avez une tendance à l'introversion si votre résultat est inférieur à 12 (inférieur à 14 pour les femmes).

Vous avez une tendance à l'extraversion si votre total est supérieur à 18 pour les hommes et 19 pour les femmes.

Les extravertis éprouvent davantage d'émotions positives. Ils sont plus insouciants, ils aiment l'action. Il semblerait que les *extravertis* dénient les expériences négatives. Ce qui ne veut pas dire qu'il ne se passe rien dans leur corps, au contraire. Des conditions expérimentales montrent une plus grande réactivité corporelle aux expériences négatives[8].

L'extraversion est une dimension qui s'atténue avec l'âge[9], comme si, jeune, on avait besoin de tenter de multiples expériences, sans trop s'en faire[10].

Si nos scores P sont régulièrement plus bas que la moyenne, ou si nous avons moins de 12 au dernier test, nous sommes davantage *introvertis*, donc nos comportements sont plus inhibés, nous fuyons davantage les rencontres, nous aimons les choses prévues, bien organisées.

En tant qu'*introverti*, il ne faut pas se démoraliser en se disant, « ma personnalité ne me prédispose pas aux émotions positives, je ne serai jamais joyeux(se) ». L'introversion n'est pas mauvaise en soi. Elle a ses corollaires positifs : les *introvertis* sont des gens plutôt fiables, posés, réfléchis. Ils sont aussi plus persévérants[11].

Ne cherchez à modifier cette introversion que si elle vous pose problème.

➤ *Suis-je hypersensible, ai-je trop d'émotions ?*

Les scores N sont régulièrement hauts ? On est donc concerné par l'autre trait de personnalité, le *neuroticisme*. On manifeste beaucoup d'émotions négatives. Nous sommes alors des personnes très réactives et instables émotionnellement.

Pour confirmer que vous avez ce profil, vous pouvez remplir le questionnaire[12] qui suit :

	OUI	NON
1 – Votre humeur subit-elle souvent des hauts et des bas ?		
2 – Vous arrive-t-il souvent de vous sentir malheureux(se) sans raison apparente ?		
3 – Vous tourmentez-vous souvent pour des choses que vous n'auriez pas dû faire ou dire ?		
4 – Êtes-vous facilement irritable ?		
5 – Vos sentiments sont-ils facilement blessés ?		
6 – Vous arrive-t-il souvent d'en « avoir marre » ?		
7 – Êtes-vous souvent troublé(e) par des sentiments de culpabilité ?		
8 – Vous considérez-vous comme une personne nerveuse ?		
9 – Êtes-vous facilement inquiet(ète) ?		

	OUI	NON
10 – Vous tourmentez-vous au sujet de choses redoutables qui pourraient se produire ?		
11 – Diriez-vous que vous êtes tendu(e), raide ?		
12 – Êtes-vous préoccupé(e) par votre santé ?		
13 – Souffrez-vous d'insomnie ?		
14 – Vous êtes-vous senti(e) las(se) et fatigué(e) sans raison ?		
15 – Vous semble-t-il souvent que la vie est bien terne ?		
16 – Vous souciez-vous beaucoup de votre apparence ?		
17 – Avez-vous déjà souhaité être mort(e) ?		
18 – Restez-vous longtemps inquiet(ète) suite à une expérience embarrassante ?		
19 – Souffrez-vous de vos nerfs ?		
20 – Vous sentez-vous souvent seul(e) ?		
21 – Vous sentez-vous facilement blessé(e) si l'on vous critique ou que l'on critique votre travail ?		
22 – Êtes-vous par moments débordant(e) d'énergie et par moments sans force ?		
23 – Êtes-vous susceptible sur certains sujets ?		
24 – Trouvez-vous difficile de vous contrôler lorsque vous perdez votre sang-froid ?		

Correction : compter un point par oui.

Résultats : Pour les hommes, un total supérieur à 15 et, pour les femmes, un total supérieur à 17 indiquent une tendance au neuroticisme.

Le *neuroticisme* est une caractéristique dimensionnelle, c'est-à-dire une caractéristique que l'on peut posséder à plus ou moins grande intensité. Autrement dit, il ne faut pas se dire « je l'ai » ou « je ne l'ai pas », mais la placer sur une échelle graduée de 0 à 100 contenant des graduations décimales.

➤ *Je suis hypersensible : est-ce une qualité ou un défaut ?*

Andréa souffre d'hypersensibilité. Elle a beaucoup d'émotions, et des émotions intenses qui la poussent à agir différemment des autres. En réunion, elle exprime ses intuitions (*a posteriori* généralement justes) sur les clients à ses collègues. Ils restent le plus souvent dubitatifs et sceptiques, s'en tenant aux chiffres. Auprès d'eux, elle se sent irrationnelle, inadaptée, excessive. Un jour où son patron n'est pas disponible pour répondre à une de ses questions, elle se sent tellement intensément triste et démoralisée qu'elle se met à chercher un autre travail (alors que le contenu du sien lui plaît beaucoup). Quelques semaines plus tard, il vient vers elle, et ils ont une discussion professionnelle mais chaleureuse. Elle en tombe amoureuse. Depuis, elle perd ses moyens chaque fois qu'elle le voit. Quand elle souffre, ce sont des abysses et, quand elle éprouve des émotions positives, elle est exaltée.

• Inconvénients :

Les personnes « hypersensibles » semblent éprouver davantage d'émotions négatives que les autres, c'est-à-dire qu'elles se décrivent comme plus facilement « nerveuses », irritables, stressées, de mauvaise humeur.

Elles souffrent d'un manque de stabilité, de calme, de confiance et de contrôle émotionnel[13]. Il n'est pas facile pour un observateur extérieur de présumer si la personne en face de soi est hypersensible ou non. Cela ne saute pas aux yeux[14]. C'est une perception interne de soi qui n'est pas forcément corrélée à des mesures physiques objectives[15], ça ne bouge pas obligatoirement plus dans le corps.

En fait, les « hypersensibles » vivent des émotions beaucoup plus rapidement fluctuantes, ce qui les fait vite passer de la tristesse à l'anxiété, à l'hostilité, au découragement. Et les amplitudes émotionnelles sont plus fortes que chez les autres.

Elles réagissent émotionnellement davantage au bruit, à la faim, aux stress[16].

Les hypersensibles s'évaluent mal, ils ont une vision peu claire de leur performance. Ils pensent souvent qu'ils ne vont pas réussir, à tort ou à raison. L'observation de leurs performances montre que celles-ci sont instables, variables. Les situations de compétition diminuent généralement le niveau de leur performance[17].

Ces personnes n'ont pas forcément eu une enfance difficile ni subi plus d'épreuves que les autres. Les difficultés sont plutôt des conséquences que des causes. En d'autres termes, ces personnes sont d'abord hypersensibles avant d'être malheureuses en mariage et non pas hypersensibles après avoir été malheureuses en mariage[18].

Elles ont des réactions aux événements et une détresse globale plus importantes[19] que les autres même quand ces événements sont mineurs.

Pour lutter contre le stress, elles fuient généralement les problèmes ou bien elles croient en être à l'origine, ce qui induit encore davantage d'émotions négatives.

Les études scientifiques faites à partir du questionnaire ci-dessus montrent que les femmes sont plus hypersensibles que les hommes[20]. L'hypersensibilité concernerait entre 15 et 20 % de la population et décroît avec l'âge[21] ; on devient plus « stable » émotionnellement[22] avec les années.

- Avantages :

Ce profil émotionnel les rend aussi plus sensibles, passionnés faisant des rêves plus intéressants. On retrouve plus d'hypersensibles dans des professions artistiques (danseurs, acteurs, écrivains), chez les philosophes et chez les psys[23] car les hypersensibles ont davantage d'intuition et d'empathie[24], c'est-à-dire qu'ils savent mieux se mettre à la place d'autrui.

Les hypersensibles ont aussi la chance de vivre des expériences plus intensément romantiques que les autres. Ils ont des facultés de remémoration supérieures aux autres (puisque les événements sont vécus avec plus de tonalité émotionnelle). Mais, parallèlement, ils subissent des intrusions de souvenirs négatifs plus fréquentes[25].

Que faire pour se sentir mieux lorsque l'on est hypersensible ?

– D'abord connaître, accepter l'existence de son profil, en cerner les avantages et les inconvénients, puis revoir ses réactions passées avec cet éclairage pour développer de l'indulgence et de l'empathie pour soi-même. Il faut cesser de s'en vouloir. C'est assez pénible à vivre pour ne pas en plus se culpabiliser !
– Puis il faut s'occuper des émotions négatives. Il y en a davantage, il faut s'en occuper davantage et surtout apprendre à ne pas les juger (voir p. 102), ne pas les dénigrer, mais les prendre comme elles sont, avec compassion (voir p. 202), quels qu'en soient l'objet ou les circonstances de survenue.
– Enfin, il sera aussi important de développer les émotions positives en agissant[26] (voir p. 241), en s'exerçant de façon régulière, à trouver des petites joies, des petites satisfactions autour de soi, dans la cuillère de Nutella que l'on mange, dans le bisou que l'on reçoit, dans les photos qu'on a fini de classer[27]… En s'entraî-

nant à y être quotidiennement sensible on parviendra peu à peu à « muscler » ses émotions positives.

➤ *Mes émotions sont instables. Ai-je un problème de personnalité ?*

La personnalité, c'est l'ensemble des traits qui nous rendent prévisible depuis l'adolescence. Elle se constitue à partir de l'interaction entre le tempérament émotionnel inné d'un enfant et les événements qu'il va vivre, l'éducation qu'il va recevoir. Notre personnalité est impliquée dans la façon dont nous nous comportons, dont nous ressentons et

Une personnalité dans laquelle les émotions sont insupportables

« La *personnalité émotionnellement labile* est un trouble de la personnalité caractérisé par une tendance nette à agir de façon impulsive et sans considération pour les conséquences possibles, une humeur imprévisible, une tendance aux explosions émotionnelles et une difficulté à contrôler les comportements impulsifs, une tendance à adopter un comportement querelleur et à entrer en conflit avec les autres, particulièrement lorsque les actes impulsifs sont contrariés ou empêchés. Deux types peuvent être distingués : le type impulsif, caractérisé principalement par une instabilité émotionnelle et un manque de contrôle des impulsions, et le type borderline, caractérisé en outre par des perturbations de l'image de soi, de l'établissement de projets et des préférences personnelles, par un sentiment chronique de vide intérieur, par des relations interpersonnelles intenses et instables et par une tendance à adopter un comportement autodestructeur, comprenant des tentatives de suicide et des gestes suicidaires[29]. »

dont nous évaluons notre vie. Lorsque notre personnalité est perturbée, cela a un impact sur nos relations avec les autres, cela crée une grande souffrance pour nous-même ou pour notre entourage, et cela peut aussi avoir un impact sur notre insertion socio-professionnelle.

Si l'on récapitule ce que l'on a vu plus haut, on peut **momentanément** être dans une phase émotionnelle négative, ou bien on peut avoir cette tendance **régulière**, cela devient un profil d'hypersensibilité. Ce **profil** peut être plus ou moins **marqué**. Lorsqu'il l'est beaucoup, que les émotions négatives sont très fluctuantes et très intenses, on souffre généralement d'une **perturbation de la personnalité**[28]. La plus déstabilisante sur le plan émotionnel s'appelle la personnalité émotionnellement labile ou « borderline ».

Lorsque l'on souffre de cette personnalité, les émotions sont extrêmement éprouvantes. Elles sont tellement intolérables qu'elles poussent à des comportements autodestructeurs.

Dans le film, *La Secrétaire* (*Secretary* de Steven Shainberg, 2002), l'héroïne a une personnalité borderline. Sa mère est étrange, et son père est alcoolique. Lors d'une scène où son père lui téléphone, elle ne parvient pas à communiquer avec lui. Juste après avoir raccroché, elle sort sa trousse et se scarifie, de façon automatique, sans verser une larme. L'automutilation est le seul exutoire possible.
Elle s'embarque dans une relation masochiste avec son employeur. Le vide, l'absence d'attachement, d'amour seraient intolérables. Non la souffrance physique qu'il lui inflige. Ce qui est très réussi dans ce film, c'est qu'il n'est pas manichéen, ni moraliste. Il y a beaucoup d'amour dans leur relation atypique.

Non seulement, les personnalités borderline ont un tempérament prédisposant aux émotions instables, mais, de surcroît, elles ont souvent vécu des traumatismes graves dans leur enfance[30] qui font qu'elles se sentent davantage incompétentes, abandonnées et honteuses[31]. Elles n'ont que rarement bénéficié d'un entourage émotionnellement soutenant. Pour elles, les émotions deviennent des déflagrations, qui imposent de façon automatique des passages à l'acte ; dès qu'elles sont émues, elles se font du mal car c'est la seule façon qu'elles connaissent de faire face aux émotions. Elles souffrent d'une phobie des émotions[32] (voir p. 106).

Les personnalités borderline sont des personnes extrêmement fragiles et en grande souffrance. Elles auront besoin d'aide sous forme d'une psychothérapie[33] ou d'une prise en charge par une équipe de soins, bien formée, par exemple en clinique ou à l'hôpital[34].

➤ *Existe-t-il d'autres profils ?*

Nous venons de voir, à des degrés de représentation divers, les grandes tendances aux émotions positives et négatives. Mais vous connaissez sans doute des personnes « colériques », des « grincheux », des « angoissés », des « rabat-joie », de perpétuels optimistes.

Au sein des grandes tendances, il existe en quelque sorte des sous-profils, dans lesquels une émotion unique est davantage représentée. C'est donc à travers sa récurrence qu'on désigne la personne.

Ainsi, on connaît un profil qui prédispose à l'anxiété (l'« anxiété trait »). Cette propension à l'anxiété se caractérise par une tendance à percevoir toutes les situations de façon menaçante[35] en pensant qu'on ne pourra pas les contrôler.

On peut aussi ressentir plus fréquemment que les autres de la colère, avoir ce que l'on appelle un profil

« hostile » qui peut notamment entraver l'insertion professionnelle[36] et être plus fréquemment associé à des difficultés cardio-vasculaires[37].

En résumé

Déceler nos tendances émotionnelles nous permet de mieux savoir où nous en sommes.

Quand nos tendances aux émotions positives ou négatives sont stables dans le temps, on parle de profil. Il n'y a pas de bons ou de mauvais profils en soi, c'est quand notre profil nous fait souffrir que des stratégies sont nécessaires. Déterminer notre profil permet de mieux nous connaître, permet d'agir. Cela nous permet de savoir sur quelle émotionnalité nous devons travailler en faisant croître nos émotions positives, ou bien en mettant l'accent sur la régulation de nos émotions négatives (voir p. 181).

Nos profils ne nous rendent pas égaux devant les émotions, mais ils ne prédisent seulement qu'un quart de notre bien-être[38].

NOTRE PROFIL ÉMOTIONNEL INFLUENCE NOS ÉMOTIONS MAIS NOUS POUVONS AUSSI INFLUENCER NOTRE PROFIL ÉMOTIONNEL.

Découvrir la nature de nos difficultés émotionnelles

Quand nos profils sont très marqués, ils peuvent nous faire souffrir et ils deviennent des difficultés.

C'est extrêmement difficile et aléatoire de « ranger », de « classer » ce qui concerne les émotions. C'est d'ailleurs toute la richesse de l'humain.

Que ce soit la fréquence avec laquelle nous ressentons les émotions, le type de notre émotionnalité, notre façon de vivre notre tristesse, notre colère ou notre peur, notre manière d'y faire face, les problèmes ou les difficultés ne sont qu'une histoire de mesure.

➤ *Ne pas savoir ce que l'on ressent*

C'est avec cette même mesure qu'il faut envisager la dimension de personnalité dont nous allons parler dans ce chapitre : l'alexithymie, autrement dit la difficulté à savoir et à dire ce que l'on ressent. C'est uniquement de manière à être davantage « pédagogique » que cette dimension va être décrite lorsqu'elle est très marquée.

Que se passe-t-il quand on n'a pas conscience de ce que l'on ressent ?

Imaginons deux amies qui dînent dehors et qui racontent ce qui s'est passé à une troisième qui ne pouvait pas venir. Chacune d'elles raconte ce qui s'est passé.

– « Marie nous avait fait des lasagnes. On a mangé à 10 h 30. Seb et Véro sont arrivés en retard et éméchés. On a écouté un peu de musique. D'autres personnes que je ne connaissais pas sont arrivées. On est parties vers une heure du mat. »
– « Marie était un peu grognon quand on est arrivées. Peut-être qu'elle nous en voulait d'être en retard. En tous les cas, je me suis régalée avec ses lasagnes. Seb et Véro sont arrivés. Ils riaient pour rien, ils n'écoutaient pas. Ils avaient trop bu. Je les trouvais horripilants. Je crois que ça n'a pas arrangé l'humeur de Marie. Heureusement, d'autres amis de Marie sont passés, des gens que je trouvais intéressants. J'ai pas mal discuté avec l'un d'eux et j'ai passé une bonne fin de soirée. »

Ces deux versions sont concordantes, mais l'une ne contient que des faits, et l'autre contient aussi des appréciations, des ressentis personnels ou imaginés.

Ou bien la première personne est habituée à rédiger des procès-verbaux et des récits circonstanciés, ou bien elle est « alexithymique ».

Qu'est-ce que l'alexithymie

L'alexithymie est un concept qui a été créé [39] à partir d'observations de personnes souffrant de troubles psychosomatiques. Elle se définit par plusieurs critères :
– l'incapacité à identifier ce que l'on ressent ;
– la difficulté à communiquer ce que l'on ressent (découlant du premier critère : je vais d'autant moins savoir dire aux autres ce que je ressens que je n'ai pas identifié que je ressentais quelque chose) ;
– la tendance à ne faire attention qu'au fait, à avoir une façon de penser exclusivement tournée vers l'extérieur, une pensée opératoire ;
– et la tendance à avoir une vie imaginative réduite.
L'alexithymie toucherait 20 %[40] d'entre nous[41], autant les hommes que les femmes[42].

Se montrer indifférent

Les alexithymiques ont tendance à « agir » leurs émotions ; Daniel, par exemple, qui est venu consulter pour un problème de manque de confiance en lui, a tendance à ne rien dire pendant plusieurs jours quand quelque chose l'a vexé. Pour manifester à sa femme qu'il est heureux auprès d'elle, il lui rend service (plutôt que de le lui dire avec des mots).

Les alexithymiques essaient d'éviter les conflits. Quand on les provoque, ils ont davantage de signaux non verbaux de colère (tension interne, musculaire, artérielle…), mais ils l'expriment moins que les autres[43].

Ils essaient d'être, le plus possible, conformes socialement[44]. Ils sont souvent définis par les autres comme « consensuels ». Ils sont davantage portés à juger les actions des autres comme non intentionnelles. Ils sont moins « paranos », ce qui les rend sans doute plus tolérants.

Globalement, les *alexithymiques* développent soit des relations de dépendance avec les autres, soit, à l'inverse, ils se coupent du monde. Daniel, par exemple, est très dépendant de la présence de sa femme, il a beaucoup de mal à prendre des décisions sans elle, mais, par ailleurs, il n'a aucun ami propre et, quand lui et sa femme reçoivent des amis, il « décroche », il est comme absent.

Les personnes *alexithymiques* manquent d'empathie, elles ne parviennent pas à se mettre à la place des autres. Daniel me racontait que, lorsque sa femme pleure parce qu'elle ne se sent pas à la hauteur dans son travail, il ne comprend pas qu'elle puisse se mettre dans des états pareils et il reste de marbre. Sa femme le lui reproche.

N'exprimant pas ce qu'ils ressentent, les alexithymiques ont tendance à obtenir moins de soutien de la part d'autrui, ils ont de moins bonnes relations avec les autres[45].

L'alexithymie peut être une dimension de la personnalité, un trait de caractère ou bien être acquise[46] suite à une maladie grave ou à un traumatisme grave. Dans ce cas, ne pas avoir conscience de ce que l'on ressent peut être un moyen momentané de tenir le coup.

Je ne décode pas mes émotions

Les *alexithymiques* vivent des situations qui génèrent des émotions, mais tout se passe comme si le cerveau jouait mal son rôle d'étiquetage. Cela ne veut pas dire que les *alexithymiques* sont plus bêtes que les autres. Il n'y a aucun lien entre l'alexithymie et le quotient intellectuel, avec le niveau socio-économique, l'éducation ou la culture[47].

Situation → Signal physique « émotionnel » → Absence d'interprétation → Plainte physique

Expérience émotionnelle chez une personne alexithymique

Dans une situation « émotionnante », l'alexithymique a des manifestations physiques. Seulement, le cerveau n'étiquette pas le signal physique comme tel, le signal physique reste une plainte physique.

> Daniel réagit aux exigences contradictoires que lui impose son patron. Il a les signaux physiques d'une colère interne : crispation, tension musculaire… Seulement, il ne prend pas conscience que ces sensations traduisent une émotion et il se plaint le soir à sa femme, non pas de colère vis-à-vis de son patron, mais de maux d'estomac dont il ignore la cause.

Compte tenu de leurs difficultés, les alexithymiques savent mal discriminer leurs émotions négatives[48]. Ils ne savent pas trop faire la différence entre une colère, une angoisse ou une tristesse et ils ont plus de mal à éprouver de la joie et à vivre l'amour ou le bonheur[49].

Suis-je alexithymique ?

Il existe des questionnaires qui permettent de mesurer si l'on est alexithymique, et dans quelle proportion[50]. Ces questionnaires ont permis de vérifier si l'alexithymie prédisposait effectivement à telle ou telle maladie physique ou psychique.

J'avais reproduit le TAS 20 dans mon livre *Comment ne pas se gâcher la vie*. Je citerai maintenant le Questionnaire d'alexithymie de Bermond et Vorst, le BAVQ[51].

Dans les pages qui suivent, vous trouverez une liste de propositions. Pour chacune d'elles, il y a une échelle de cinq points qui varie de « tout à fait d'accord » à « pas du tout d'accord ». Le but est que vous indiquiez dans quelle mesure votre manière personnelle de réagir correspond aux propositions. Pour cela, vous marquez une croix sur l'échelle.

Voici un exemple : Voir des petits chatons m'attendrit.
Tout à fait d'accord □□□□□ Pas du tout d'accord

Si vous pensez que cette proposition s'applique tout à fait à votre manière de réagir, alors vous inscrivez une croix dans le carré situé à l'extrême gauche de l'échelle.

Si vous pensez que cette proposition ne s'applique pas du tout à votre manière de réagir, alors vous inscrivez une croix dans le rectangle situé à l'extrême droite de l'échelle.

Si vous pensez que votre manière de réagir est moins prononcée que ce qui est décrit ci-dessus, alors vous inscrivez votre croix un peu plus au milieu de l'échelle. *Vous n'utiliserez le milieu de l'échelle que s'il vous est tout à fait impossible de porter un jugement sur votre manière de réagir.*

1. *Il m'est difficile de trouver les mots pour exprimer ce que je ressens.
Tout à fait d'accord □□□□□ Pas du tout d'accord

2. Souvent avant de m'endormir, j'imagine des scénarios, des rencontres, des dialogues.
Tout à fait d'accord □□□□□ Pas du tout d'accord

3. Quand je suis décontenancé(e), je sais si je suis anxieux(se) ou bien triste, ou bien fâché(e).
Tout à fait d'accord ☐☐☐☐☐ Pas du tout d'accord

4. *Quand il se produit quelque chose de tout à fait imprévu, je reste calme et tout à fait imperturbable.
Tout à fait d'accord ☐☐☐☐☐ Pas du tout d'accord

5. *Je ne me préoccupe guère de mes émotions.
Tout à fait d'accord ☐☐☐☐☐ Pas du tout d'accord

6. J'aime à parler à autrui de mes émotions.
Tout à fait d'accord ☐☐☐☐☐ Pas du tout d'accord

7. *Je passe du temps à rêvasser et à me laisser emporter par mon imagination.
Tout à fait d'accord ☐☐☐☐☐ Pas du tout d'accord

8. *Quand je suis tendu(e), je n'arrive pas à savoir de quel sentiment émotionnel cela provient.
Tout à fait d'accord ☐☐☐☐☐ Pas du tout d'accord

9. *Quand je vois quelqu'un pleurer à chaudes larmes, je demeure imperturbable.
Tout à fait d'accord ☐☐☐☐☐ Pas du tout d'accord

10. Il faut s'efforcer de comprendre ses émotions.
Tout à fait d'accord ☐☐☐☐☐ Pas du tout d'accord

11. *Même à un ami ou une amie, je trouve difficile de parler de mes sentiments.
Tout à fait d'accord ☐☐☐☐☐ Pas du tout d'accord

12. Je me sers souvent de mon imagination.
Tout à fait d'accord □□□□□ Pas du tout d'accord

13. Quand je me sens découragé(e), je comprends en général d'où ça provient.
Tout à fait d'accord □□□□□ Pas du tout d'accord

14. Quand autour de moi, des ami(e)s se querellent violemment, cela me bouleverse.
Tout à fait d'accord □□□□□ Pas du tout d'accord

15. *Quand j'ai le cafard, je n'ai pas envie d'en rajouter en cherchant à savoir pourquoi.
Tout à fait d'accord □□□□□ Pas du tout d'accord

16. Quand il s'agit de dire à quel point je me sens cafardeux(se), j'arrive sans problème à trouver les mots qu'il me faut pour cela.
Tout à fait d'accord □□□□□ Pas du tout d'accord

17. *J'ai peu d'intérêt pour les contes de fées et les récits bizarres.
Tout à fait d'accord □□□□□ Pas du tout d'accord

18. *Quand je me sens bien, je n'arrive pas à savoir si je suis de bonne humeur, ou bien au comble de la joie, ou bien heureux(se).
Tout à fait d'accord □□□□□ Pas du tout d'accord

19. Souvent, je me sens ému(e), sans raison claire.
Tout à fait d'accord □□□□□ Pas du tout d'accord

20. Quand je ne me sens pas bien dans ma peau, j'essaie de comprendre pourquoi je me sens comme ça.
Tout à fait d'accord □□□□□ Pas du tout d'accord

21. *On me dit souvent que je dois parler davantage de mes sentiments.
Tout à fait d'accord □□□□□ Pas du tout d'accord

22. *Il m'arrive rarement de me laisser aller à mon imagination.
Tout à fait d'accord □□□□□ Pas du tout d'accord

23. *Je ne sais pas ce qui se passe au fond de moi-même.
Tout à fait d'accord □□□□□ Pas du tout d'accord

24. *Même lorsque les autres se passionnent pour quelque chose, je demeure indifférent(e).
Tout à fait d'accord □□□□□ Pas du tout d'accord

25. *Il n'y a pas grand-chose à comprendre aux émotions.
Tout à fait d'accord □□□□□ Pas du tout d'accord

26. Quand je suis bouleversé(e) par quelque chose, je parle aux autres de ce que je ressens.
Tout à fait d'accord □□□□□ Pas du tout d'accord

27. J'aime imaginer des histoires folles et pleines de fantaisie.
Tout à fait d'accord □□□□□ Pas du tout d'accord

28. Quand je me sens moche, je sais si j'ai peur, ou bien si je suis sombre, ou bien si je suis triste.
Tout à fait d'accord □□□□□ Pas du tout d'accord

29. Il m'arrive souvent d'être bouleversé(e) par des événements inattendus.
Tout à fait d'accord □□□□□ Pas du tout d'accord

30. Je trouve que l'on doit rester en contact avec ses sentiments.
Tout à fait d'accord □□□□□ Pas du tout d'accord

31. Je sais exprimer mes sentiments verbalement.
Tout à fait d'accord □□□□□ Pas du tout d'accord

32. *Rêvasser à des affaires ou événements irréels, c'est perdre son temps.
Tout à fait d'accord □□□□□ Pas du tout d'accord

33. *Quand j'en ai marre de moi-même, je n'arrive pas à savoir si je suis triste ou bien si j'ai peur, ou bien si je suis malheureux(se).
Tout à fait d'accord □□□□□ Pas du tout d'accord

34. *J'accepte les déceptions sans émotions.
Tout à fait d'accord □□□□□ Pas du tout d'accord

35. *Je trouve curieux que les autres analysent si souvent leurs émotions.
Tout à fait d'accord □□□□□ Pas du tout d'accord

36. *Quand je parle aux gens, c'est plutôt de mes activités quotidiennes que de mes sentiments.
Tout à fait d'accord □□□□□ Pas du tout d'accord

37. Quand j'ai peu à faire, je passe du temps à rêvasser.
Tout à fait d'accord □□□□□ Pas du tout d'accord

38. Quand je suis d'une humeur radieuse, je sais si je suis enthousiaste, ou bien gai(e), ou bien fou (folle) de joie.
Tout à fait d'accord □□□□□ Pas du tout d'accord

39. Quand je vois quelqu'un pleurer avec abondance, je sens la tristesse m'envahir.
Tout à fait d'accord □□□□□ Pas du tout d'accord

40. Quand je suis tendu(e), j'ai besoin de savoir avec précision d'où me vient cette sensation.
Tout à fait d'accord □□□□□ Pas du tout d'accord

Correction du Bermond Vorst Alexithymia Questionnaire ou BAVQ

Pour les questions sans astérisque, « Tout à fait d'accord » correspond à la note 1, et « Pas du tout d'accord » correspond à la note 5, les cases intermédiaires correspondent aux notes 2, 3 et 4.

Pour chaque question dont le numéro est suivi d'un astérisque, « Tout à fait d'accord » correspond à la note 5, et « Pas du tout d'accord » correspond à la note 1, les cases intermédiaires correspondent aux notes 2, 3 et 4

Faites le total global de vos points.

Plus le score total est élevé (supérieur à 103), plus l'alexithymie est importante.

Comme c'était évoqué en début de chapitre, il ne faut pas considérer l'alexithymie comme une variable binaire : « je suis alexithymique ou je ne le suis pas », mais comme une variable dimensionnelle dans le sens où l'on peut être modérément alexithymique, moyennement alexithymique, alexithymique de façon importante…

Lorsque l'on a une tendance à l'alexithymie, on peut calculer des sous-scores pour discriminer l'axe de travail le plus fécond :

• Faites le total de vos points aux questions 3, 8, 13, 18, 23, 28, 33, 38. Si votre score est supérieur à 24, vous avez probablement de plus grandes difficultés à identifier vos émotions. Reportez-vous page 184…

• Si le sous-total de vos points aux questions 1, 6, 11, 16, 21, 26, 31, 36 est supérieur à 29, vous éprouvez de plus grandes difficultés à verbaliser ce que vous ressentez. Reportez-vous page 225…

• Si le nombre de vos points aux questions 5, 10, 15, 20, 25, 30, 35 et 40 est supérieur à 17, c'est la compréhension des émotions qui vous pose problème ; la lecture exhaustive de ce livre pourra, je l'espère, vous être utiles pour venir à bout de cette difficulté.

Les maladies associées à l'alexithymie

• Les problèmes le plus fréquemment associés à l'alexithymie sont les troubles des comportements alimentaires, comme la boulimie et l'anorexie qu'on retrouve, dans 35[52] à 80 %[53], des cas, associés à l'alexithymie. Manger : une façon de calmer des sensations internes incompréhensibles ?

• La dépendance à l'alcool y est associée dans la même proportion[54], et la présence d'une alexithymie diminuerait la durée de l'abstinence chez les personnes qui essaient de s'arrêter[55].

• Dans 40 % des cas, les toxicomanes sont alexithymiques[56].

• Par ailleurs, la relation entre l'alexithymie et l'apparition de maladies à composante psychosomatique (comme l'hypertension artérielle, l'angine de poitrine, l'asthme, les problèmes au niveau du col de l'utérus, certaines maladies digestives comme la recto-colite hémorragique ou la maladie de Crohn) n'est pas très claire[57]. Dans certaines études, on retrouve plus de personnes alexithymiques qui souffrent de ces maladies et dans d'autre non. En l'absence de certitudes, il faut donc mieux retenir, pour l'instant, que toutes les personnes souffrant de troubles psychosomatiques ne sont pas forcément alexithymiques[58].

En résumé, il est important de connaître et d'exprimer ses émotions. La difficulté à prendre conscience de ce que l'on ressent peut nuire à ses relations avec les autres, favoriser peut-être l'apparition de problèmes « psychosomatiques » et surtout accentuer ses tendances aux « addictions », c'est-à-dire ses tendances à dépendre de la nourriture, de l'alcool, des toxiques, voire des autres.

L'alexithymie, une fatalité ?

On peut considérer que l'alexithymie primaire est due à un non-apprentissage[59] de l'étiquetage des expériences émotionnelles[60]. Un enfant qu'on emmènerait chez le médecin pour une boule dans la gorge au lieu de lui dire « Tu as l'air triste ? Quelque chose s'est passé qui t'a fait de la peine ? » aura moins de chances **d'apprendre** à relier sa sensation physique à une émotion et a davantage de risques de devenir alexithymique.

Toutefois, comme il s'agit d'une aptitude non pas innée mais acquise, un adulte alexithymique peut quand même aussi faire sur le tard cet apprentissage[61].

Recommandations

• Pour corriger sa tendance à l'alexithymie, il est préférable[62] d'éviter la psychanalyse. Dans cette approche, le thérapeute intervient peu, il n'est pas « directif », il ne pratique pas de « psycho-éducation ». Chez un patient alexithymique, qui a besoin d'apprendre à rattacher des sensations à des émotions, la psychanalyse entretient donc l'erreur d'étiquetage.

Hélène, qui est alexithymique, a fait une psychanalyse pendant plusieurs années. Elle n'a pas appris à voir certaines de ses plaintes physiques comme des émotions. Elle a continué à les considérer au premier degré. Elle dit n'en avoir retiré aucun bénéfice.

• De même, une thérapie strictement cognitive et comportementale semble avoir peu d'impact sur cette dimension[63].
• Une emphase particulière doit donc être mise sur l'éducation aux émotions et sur le repérage des signaux corporels. Pour atténuer cette dimension, une personne souffrant d'alexithymie pourra être incitée à apprendre à accorder davantage d'attention aux sensations physiques inconfortables et inhabituelles (voir p. 192). Il doit lui être expliqué que certaines de celles-ci ont une signification émotionnelle, et l'aide d'un thérapeute peut être utile pour l'aider à savoir laquelle.

Ensuite, l'entraînement à l'expérience plus directe des émotions (voir p. 202) et à leur expression à autrui (voir p. 225) ne pourra qu'être bénéfique.

Le thérapeute doit être impérativement sensibilisé à cette problématique car certains des mauvais résultats des thérapies suivies par les personnes souffrant d'alexithymie sont dus en partie aux réactions négatives du thérapeute[64] !

Dans tous les cas, l'alexithymie n'est pas une fatalité[65].

➤ *Ne pas accepter ce que l'on ressent*

« Toute ma vie j'ai eu peur de souffrir. Ça ne m'a pas empêché de souffrir, ça m'a empêché de vivre et de ressentir du plaisir. »

Extrait de la série télévisée *Clara Scheller*

Parce qu'on ne nous a pas appris à accepter nos émotions, parce que nous avons eu des émotions très douloureuses que nous ne voulons pas revivre, ou pour d'autres raisons, nous pouvons ne pas tolérer ce que nous ressentons et juger négativement notre tristesse, notre peur et notre colère[66].

Nous nous interdisons de les ressentir, nous consacrons notre énergie à les « contrôler ». Cela nous soulage dans l'immédiat.

Malheureusement, à long terme, cela peut aggraver les choses.

Quand nous ne nous donnons pas le droit de souffrir

> Cela fait trois mois que Karine se sent triste sans raison apparente pour elle. Elle s'en veut, mais elle est de plus en plus mal. Elle commence à prendre des somnifères car elle a beaucoup de difficultés à s'endormir. Karine est médecin. Elle est chaque jour au contact de la détresse. Elle écoute et soigne des personnes qui sont dans des situations difficiles. Quand elle rentre, elle est vidée, sans énergie. Elle branche son ordinateur et fait des jeux vidéo jusque tard. Elle pense qu'elle est nantie et qu'elle n'a pas le droit de s'apitoyer sur son sort.

Nous pensons parfois, quand nous sommes tristes, en colère ou apeurés, que :

- nous allons perdre le contrôle de nous-même si nous nous laissons aller ;
- nous n'avons pas de raison d'éprouver ce que nous ressentons ;
- les autres sont plus forts que nous ;
- nous nous apitoyons sur nous-même ;
- si nous laissons sortir ces émotions négatives, elles ne s'arrêteront jamais, nous risquons de sombrer, de devenir dépressif, peureux ou psychopathe, de ne pas nous en remettre ;

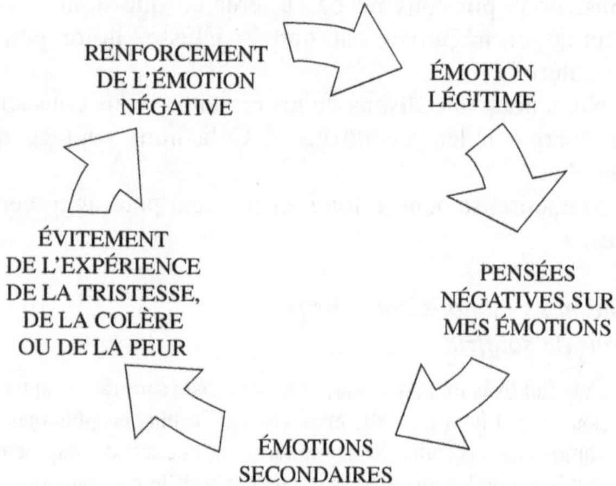

Modèle de la phobie des émotions

– la présence de notre colère ou de notre tristesse signifie que nous sommes « faible », « narcissique », « égocentrique »…

En pensant de cette manière, en jugeant négativement notre tristesse, notre peur ou notre colère, nous n'éprouvons non pas une mais deux émotions négatives. Cette seconde couche est appelée l'**émotion secondaire**[67] : la peur de nos émotions, la honte de nos émotions…

Nous allons alors essayer d'en éviter l'expérience[68]. Nous avons pour cela des quantités pléthoriques de stratégies : en pensant à autre chose quand nous sommes émus, en mangeant, en buvant, en fumant, en consommant des drogues, en nous mutilant pour ne plus rien ressentir, en regardant la télé, en lisant, en jouant à des jeux pour tout oublier, en travaillant trop, en faisant trop de sport, en sortant trop, en voyant trop de monde, en faisant attention uniquement aux émotions des autres, en rationalisant, en intellectualisant systématiquement ce qui nous arrive, en nous arrangeant pour ne jamais avoir du temps pour nous-même, en remettant indéfiniment les choses au lendemain[69]…

Que risquons-nous en refusant nos émotions légitimes ?

À terme, ces évitements nous rendent les émotions encore davantage intolérables et inacceptables. L'évitement augmente la durée et/ou l'intensité de nos problèmes[70].

> Manon souffre d'anorexie-boulimie. Au moins une fois par jour, elle ne peut résister à manger tout ce qui lui tombe sous la main, très vite. Pour ne pas prendre de poids, elle se fait vomir. Elle pèse 38 kilos. Son ami, ses parents ont essayé de l'aider en supprimant les tentations, en lui préparant des choses qu'elle aime pendant les repas. Manon se sent extrêmement coupable. Elle ne comprend pas pourquoi elle leur fait tant de mal. Lorsqu'elle va chez sa mère, c'est pire, elle a encore davantage de crises, elle voit combien elle fait souffrir sa mère. Manon pense qu'elle n'a aucune raison de souffrir. Elle se sent en échec, se voit comme une incapable.
>
> Plus elle se culpabilise, plus elle essaie de résister volontairement à ses crises, plus leur nombre augmente. Elle est extrêmement triste depuis des semaines.
>
> En thérapie, elle apprend, à essayer de considérer ses crises non pas comme le signe d'un échec, mais comme le signe d'une souffrance extrême. Elle apprend à accepter l'expérience de sa tristesse et de sa colère **avec compassion** (voir p. 203). L'intensité et le nombre de ses crises commencent à décroître.
>
> Manon, en plus de son trouble des conduites alimentaires, souffre d'une **phobie des émotions** qui rend sa tristesse et son mal-être encore plus durables.

En refusant l'expérience de nos émotions, nous générons davantage d'émotions négatives et nous rentrons dans des cercles vicieux[71]. Plus nous voulons aller bien, plus nous allons mal. C'est comme si toute l'énergie que nous consacrons à la lutte contre les émotions était une énergie qui n'est plus disponible pour faire autre chose.

La phobie des émotions est importante à détecter car elle aggrave généralement d'autres problèmes, comme les troubles anxieux (la peur des autres, les problèmes de crises d'angoisse à répétition…). Elle peut être associée aux troubles des conduites alimentaires, aux abus de substances toxiques, aux troubles de la personnalité, aux douleurs chroniques et elle constitue un facteur d'aggravation, un facteur favorisant les rechutes.

Quelle est l'origine de notre refus des émotions ?

On ne sait pas encore bien. On peut cependant émettre des hypothèses :

- Il est probable que des antécédents d'expériences émotionnelles très intenses (des moments de peur très intenses dont on a cru ne jamais pouvoir se relever, des moments de tristesse tellement intenses qu'on a voulu mourir, ou des colères tellement dévastatrices qu'on s'est cru capable de tuer quelqu'un) puissent constituer un facteur de risque.
- L'éducation sur les émotions que nous avons reçue a dû aussi jouer un rôle. Nos parents, *a fortiori* nos grands-parents, n'étaient pas dans un contexte économique et social favorisant le développement personnel. Depuis le début du siècle, nous avons vécu deux guerres mondiales. Dans ces guerres, des individus ont été tués, massacrés, violés, dessaisis de leurs biens. Ils ont perdu des parents, des enfants. Ces guerres ont constitué un grand traumatisme qui a généré des

séquelles psychiques. Seulement, elles n'ont pu être au centre des préoccupations faute de moyens logistiques, sociaux, financiers, scientifiques… Des priorités ont forcément été établies. Les séquelles émotionnelles traumatiques sont passées au second plan. La génération suivante a été élevée dans la hiérarchie des souffrances. Ce qui était moins douloureux que la guerre était considéré comme non douloureux.

Par ailleurs, les valeurs principales étaient davantage le travail, le courage, la force de caractère que la disponibilité, le développement personnel, l'expression de l'affection. Les parents faisaient de leur mieux pour assurer le vivre et le couvert, les enfants n'avaient pas à se plaindre. Les souffrances émotionnelles d'ordre affectif n'ont pas davantage bénéficié d'empathie.

L'éducation que nous avons reçue a probablement été marquée par cela.

Si l'expression de nos émotions a été désignée comme un signe de faiblesse de caractère, si elle a généré de la peur chez nos parents, si elle n'a jamais suscité de compassion mais uniquement des jugements négatifs, si nos parents étaient eux-mêmes dépassés par leurs émotions, nous aurons d'autant plus de risques de souffrir d'une phobie des émotions.

Actuellement, nous avons la chance de pouvoir accorder davantage d'importance aux souffrances psychiques. Mais nous sortons de plusieurs siècles de méconnaissance des émotions, ce qui ne rend pas les choses faciles.

Ce que je remarque en thérapie, c'est que cette phobie des émotions est susceptible de s'atténuer, argument qui peut aussi plaider pour une origine en partie acquise de ce problème.

Comment en sortir ?

1. En prenant conscience de notre tendance à l'hypercontrôle. Voir test page 153.
2. En repérant nos peurs concernant les émotions (voir p. 146).
3. En comprenant mieux les émotions et les lois auxquelles elles obéissent.
4. En apprenant à repérer nos émotions secondaires (voir p. 191).
5. En réalisant des expériences de réalité dans lesquelles nous apprenons à faire face à nos émotions négatives, en en étant le spectateur empathique (voir p. 202).

En résumé

L'émotion est le seul tampon entre nous et des choses que nous ne pouvons pas contrôler. C'est la seule soupape à notre disposition quand nous ne pouvons pas agir sur les événements, sur les autres, sur l'extérieur.

Juger négativement nos émotions nous amène à en éviter l'expérience en utilisant excessivement des stratégies de diversion. Elles nous soulagent à court terme, mais, à long terme, elles aggravent la durée de l'émotion, son intensité et nous empêchent de faire face à nos problèmes[72]. En les comprenant et en nous y exposant, en les affrontant avec compassion, avec bienveillance, sans jugement, nous augmenterons *a posteriori* notre sentiment de contrôle, nos émotions nous « stresseront » moins, nous en aurons moins peur, et finalement nous nous sentirons mieux.

➤ *Les maladies des émotions*

Médecin de formation, j'ai appris à poser des diagnostics, à adopter une approche *catégorielle* : « Cette personne a telle maladie ou ne l'a pas, telle maladie correspondant à la réunion de tel et tel symptôme. » Cela permet de pouvoir se documenter dans des revues scientifiques parlant toutes de la même chose, et de proposer les traitements les plus adéquats. Grâce à cette approche, nous avons des manuels[73] internationaux[74] dans lesquels chaque maladie est détaillée avec ses symptômes.

En consultation, les choses ne sont pas toujours aussi simples. D'un humain à l'autre, les problèmes ne se présentent jamais de la même manière[75] : une personne peut avoir un certain nombre de symptômes, mais il en manque un pour porter le diagnostic. La personne souffre. Que fait-on ? La renvoie-t-on chez elle en attendant qu'elle ait tous les critères pour avoir droit au traitement ? À l'inverse, il arrive aussi que quelqu'un ait tous les symptômes d'une maladie donnée, mais qu'il ne consulte pas pour ça. Il vient pour des dimensions de sa personnalité qui le font souffrir davantage. Que proposer, que faire ? Faut-il forcer cette personne à traiter une maladie qui ne la fait pas souffrir et ignorer sa demande ?

Dans la pratique, l'approche thérapeutique est donc souvent *dimensionnelle.*

La démarche de ce livre étant aussi plus dimensionnelle que catégorielle, mon ambition étant de mettre de la nuance dans la compréhension des émotions, j'ai beaucoup hésité avant de faire ce chapitre sur les « maladies des émotions ».

Ma peur en décrivant les maladies des émotions était de renforcer une vision en tout ou rien (« ouf, c'est bon, je n'ai pas cette maladie, donc ce n'est pas la peine que je m'occupe de mes émotions », ou bien « j'ai cette maladie, ça veut dire que je suis fichu »), d'accroître la peur des émotions (« si je suis triste, cela signifie que je souffre d'une dépression »), et par conséquent d'accentuer une tendance à l'évitement de l'expérience.

Finalement, il m'a quand même semblé important d'avoir des repères. Plus large est l'information, plus grandes seront nos capacités à faire face. Mais j'insiste sur la nécessité de considérer tous les problèmes émotionnels, maladies ou non, avec nuance, comme un continuum.

Les maladies des émotions peuvent se caractériser par des émotions plus fréquentes, plus durables, plus intenses, plus difficiles à contrôler, survenant dans des situations apparemment banales. Ces maladies handicapent généralement la vie de tous les jours.

Les maladies de la peur : les troubles anxieux

Dans les troubles anxieux, la peur se déclenche de façon excessive ; des situations apparemment peu dangereuses sont perçues comme très menaçantes. L'intensité de la peur oblige la personne qui souffre d'un trouble anxieux à mettre en place des évitements. Ces évitements polluent progressivement le déroulement de la vie quotidienne.

L'objet de la peur excessive peut être :

– le contact et l'observation par autrui qui déclenche le sentiment d'être jugé négativement. Le trouble est alors appelé la *phobie sociale* ;
– des pensées récurrentes, des impulsions ou des représentations qui peuvent nous sembler sales, obscènes, agressives, décalées… Ce sont des pensées inquiétantes que nous avons tous. Le trouble porte le nom de *trou-*

ble obsessionnel compulsif si les pensées ou les manœuvres pour dissiper la détresse qu'elles génèrent font perdre plus d'une heure par jour ;
- des endroits dont il pourrait être difficile ou gênant de s'échapper en cas de crises d'angoisse. Le trouble se nomme *agoraphobie* ;
- des stimuli qui rappellent un traumatisme grave (voir p. 61, le syndrome de stress posttraumatique).

Il existe aussi un trouble nommé trouble panique caractérisé par la présence de crises d'angoisse à répétition (voir p. 150) et dans lequel on a peur d'avoir peur.

Pour chacun de ces troubles, il existe d'excellents ouvrages permettant de mieux en comprendre les origines et de mieux en déceler les symptômes. Ces livres font le point sur les traitements les plus appropriés. Je vous en recommande quelques-uns en fin d'ouvrage.

Faire la différence entre la tristesse et la dépression

Une dépression se caractérise par une humeur triste pratiquement toute la journée et tous les jours pendant au moins deux semaines. La tristesse est sans fluctuation.

Dans le langage courant, le terme « dépression » est souvent employé à la place du terme tristesse.

Une des raisons pour lesquelles on a souvent l'impression de souffrir de dépression, c'est que, lorsque l'on est dans une émotion de tristesse, nos pensées sont modifiées par cette émotion, et nous avons tendance à généraliser (voir p. 40), et donc à estimer que cela dure depuis des lustres.

Pour poser un diagnostic de dépression, il faut être attentif à la présence non seulement ponctuelle, mais permanente de plusieurs autres symptômes :

- la présence de troubles du sommeil (des réveils récurrents au petit matin), de troubles de l'appétit (prise ou perte de poids) et d'une baisse du désir et de la libido,
- la fatigue,
- la perte de l'intérêt et du plaisir auprès de nos proches ou pour nos activités,
- le sentiment de ne rien valoir et celui de culpabilité,
- la difficulté à se concentrer et à réfléchir,
- l'idée qu'il serait mieux d'être mort, voire des projets suicidaires.

La présence d'un ou plusieurs de ces symptômes depuis plusieurs semaines doit inciter à consulter rapidement un médecin, psychiatre ou non, pour bénéficier d'un traitement médicamenteux (à prendre pendant plusieurs mois pour éviter une rechute), qui fera effet après deux ou trois semaines[76].

On peut aussi, dans certains cas, traiter la dépression par une thérapie cognitive et comportementale ou interpersonnelle. L'effet bénéfique sur les symptômes sera sans doute un peu plus tardif qu'avec les médicaments, mais le risque de rechute est moins grand à plus long terme.

Les amalgames autour de la colère

La colère est sans doute l'émotion la plus sujette aux amalgames car on confond l'émotion et le passage à l'acte (voir p. 147). Cela donne d'ailleurs lieu à une filmographie abondante et spectaculaire, peu propice à une bonne discrimination.

Il existe, effectivement, des personnalités pathologiques qui passent davantage à l'acte. On les appelle les personnalités *antisociales*.

Elles ont tendance à se placer au-dessus des obligations de tout un chacun, elles se moquent des sanctions, supportent difficilement d'être entravées dans leurs entreprises et sont volontiers agressives et violentes. Elles éprouvent peu d'empathie envers autrui[77].

Le film *Orange mécanique* de Stanley Kubrick, tourné en 1971, en est une illustration extrême. Le héros du film, interprété par Malcolm McDowell, est un psychopathe qui n'éprouve ni tristesse ni peur. Il est capable des crimes les plus atroces sans être touché à aucun moment par la détresse qu'il suscite. Il ne souffre pas. Il fait souffrir. Rien ne l'atteint.

Par ailleurs, on associe souvent la colère à une perte totale du contrôle de soi et donc à la « folie », qui mérite un petit détour.

La « folie » est un terme qui n'existe plus, et heureusement, car cette étiquette constituait souvent, aux siècles derniers, un prétexte pour isoler sans soin les personnes qui en étaient prétendument atteintes.

On a ensuite employé le terme de « psychoses » pour désigner une perturbation des pensées, des comportements et des émotions dont on n'aurait pas conscience, qui favoriseraient donc davantage la perte de contrôle, en l'opposant aux « névroses », troubles supposant une conscience du caractère « anormal » des difficultés. Les psychoses regroupaient notamment la schizophrénie et le délire paranoïaque, alors que les névroses regroupaient des troubles hétérogènes que nous appelons aujourd'hui les troubles anxieux, les troubles de la personnalité, les troubles somatoformes…

Aujourd'hui, ces terminologies sont caduques car on s'est aperçu que ces oppositions entre psychose et névrose n'étaient pas valables. Des personnes souffrant de schizophrénie peuvent avoir conscience de leur souffrance et de leurs problèmes, alors que certaines personnes ignorent et contrôlent mal leurs « névroses ».

Par ailleurs, il n'y a pas, dans la définition actuelle de la schizophrénie, de critères diagnostiques portant sur une éventuelle surreprésentation de la colère.

DEUXIÈME PARTIE

Apprendre à mieux vivre les émotions négatives

CHAPITRE 4

Nos émotions négatives : des alliées

Des émotions indispensables

Après l'énumération de toutes ces difficultés, comment parvenir à aimer notre tristesse, notre colère et notre peur ?

Que nous apportent-elles ? À quoi sont-elles utiles ?

➤ *Elles nous ont permis de survivre*

C'est grâce aux émotions que nous nous sommes ajustés aux changements d'environnement depuis des millénaires. Si les hommes préhistoriques n'avaient pas éprouvé de peur, ils n'auraient pas mis en place des pièges et ils se seraient laissé dévorer par les bêtes sauvages.

La colère surgit lorsque l'on viole nos droits, lorsque l'on nous blesse et elle nous donne l'énergie nécessaire pour combattre. La peur arrive quand nous sommes en danger et elle nous incite à nous protéger. La tristesse peut désamorcer l'agressivité de nos pairs, renforcer leur attachement et nous permettre de nous remettre en question.

Les émotions sont **des signaux d'alarme** nécessaires qui permettent à l'organisme et au psychisme de s'adapter. Elles nous permettent d'évoluer.

➤ *Elles nous « boostent »*

Elles nous aident à prendre des décisions[1] et nous poussent à agir (voir p. 47).

Les émotions améliorent les performances. Il vaut mieux être un peu anxieux lors de ses examens que trop *cool*, les notes seront meilleures. La mémoire et nos facultés de réflexion en général sont améliorées par les émotions jusqu'à un certain point, car trop d'émotion tue la performance. Donc, si je suis non pas seulement stressée pour mes examens, mais en état de panique, je risque de perdre une partie de mes moyens. C'est la loi de Yerkes-Dodson[2]. Cette loi stipule que la qualité de la performance, de l'apprentissage, de la mémorisation augmente proportionnellement à la quantité d'émotions jusqu'à un seuil au-delà duquel, au contraire, la trop grande quantité d'émotions inhibe ces processus. La courbe décrit un U inversé.

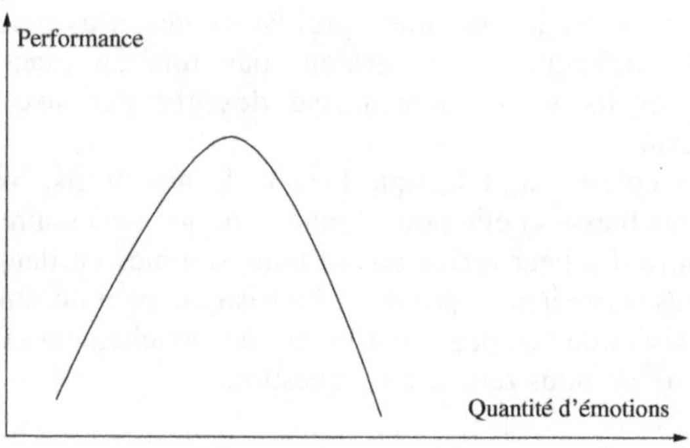

On constate aussi que **les émotions modifient, orientent et focalisent l'attention**. Des tests ont été faits dans lesquels un groupe A visionnait la vidéo d'un hold-up. Un autre groupe B regarde la même vidéo du hold-up, mais celle-ci se poursuit avec l'assassinat d'un client de la banque. Les personnes du groupe B se souvenaient de façon très précise du pistolet et du sang. En revanche, les détails de l'environnement comme la présence d'une horloge sur le mur leur ont échappé. Le groupe A, qui a vu la vidéo sans l'assassinat, se souvient mieux du contexte et notamment de l'horloge. Ce phénomène est appelé *weapon focus*[3], la focalisation sur l'arme. Même si cette expérience est loin de notre réalité, nous pouvons sentir ce phénomène dans la vie courante [4]. Ainsi, quand nous sommes en colère contre quelqu'un, nous nous focalisons sur ses faits et gestes pour avoir du « grain à moudre ». Ou, quand nous nous sentons frustré d'être seul, notre attention se dirige vers « les amoureux qui se bécotent sur les bancs publics ». Notre attention se dirige préférentiellement sur ce qui conforte notre émotion.

La présence d'émotions facilite l'apprentissage avec la même réserve que pour les performances, c'est une quantité modérée d'émotions qui va faciliter ce processus, l'excès d'émotions aura plutôt tendance à l'inhiber. Il faut apprécier les qualités humaines de son professeur de maths mais ne pas en tomber amoureux !

La présence d'émotions favorise la mémorisation. Nos souvenirs marquants sont « chargés émotionnellement[5] ». Les émotions permettent le stockage de souvenirs dans la mémoire à long terme. On se rappellera mieux ses vacances si l'on y a rencontré des gens attachants. On se rappelle mieux les événements « émotionnels » que les événements neutres. Toutefois, comme pour les deux propriétés précédentes, une quantité excessive d'émotions altère le processus. L'émotion facilite la mémorisation. Elle favorise aussi la remémoration. Si, aujourd'hui, je suis dans un état émotionnel x, j'aurai plus facilement accès aux souvenirs des moments passés dans lesquels j'étais dans ce même état émotionnel x. C'est la facilitation mnésique.

En résumé

Les émotions nous incitent à chercher des solutions, à adopter de nouveaux comportements, et non seulement elles nous motivent, mais elles accroissent aussi nos performances et elles nous font des souvenirs.

LES ÉMOTIONS SONT UTILES !

À quoi servent notre tristesse, notre peur, notre colère ?

➤ *La tristesse nous sert*

Nous sommes tristes quand nous perdons quelqu'un ou quand nous nous séparons de lui ou de quelque chose que nous aimons, quand nous subissons une séparation ou la perte d'un attachement. Nous sommes tristes quand nos sentiments sont négligés ou quand nous n'atteignons pas les buts que nous nous sommes fixés[6].

Lorsque nous nous blessons, l'inflammation (rougeur, douleur, chaleur) permet une mobilisation des cellules compétentes pour la cicatrisation et la résorption de la plaie. De la même façon, faire l'expérience de la tristesse peut permettre une réorganisation plus adaptée de nos pensées, de nos habitudes, voire de notre vision du monde. D'autre part, le souvenir de cette blessure nous amènera, la fois suivante, à être vigilant et à faire ce qui est en notre mesure pour ne pas nous blesser de nouveau[7].

• La tristesse pourrait servir **à accepter quelque chose d'inéluctable**. Lorsque nous perdons un être cher, la tristesse nous submerge, éventuellement d'autres émotions, comme la colère[8]. Au bout d'un certain temps, nous pourrons intégrer de l'intérieur ce changement radical dans notre vie. Nous n'oublierons pas l'être disparu et nous penserons à lui avec affection, mais nous reprendrons notre vie, autrement. C'est comme si la tristesse pouvait servir à intégrer, à digérer la perte[9]. On effectue **« un travail de deuil[10] »**.

• La tristesse peut nous permettre éventuellement **de tirer des leçons et de nous protéger**.

Sophie vient me voir en consultation car son petit ami la trompe pour la seconde fois. Elle ressent depuis trois jours une tristesse telle qu'elle n'a plus envie de s'alimenter. Elle me demande de lui prescrire des antidépresseurs.

Que faire ? Prescrire des antidépresseurs sur une émotion « adaptée » ? Lui faire croire, en lui prescrivant un médicament, qu'elle est malade ? Lui donner l'illusion que ce n'est pas adapté d'être triste dans cette situation ? Diminuer sa souffrance et, de ce fait, la pousser à accepter de rester avec quelqu'un qui lui fait tant de mal ? L'intensité de sa tristesse n'est-elle pas un signal d'alarme propre à lui faire comprendre que son ami lui fait plus de mal que de bien ? Son émotion n'est-elle pas un signal destiné à la protéger ? Que conseillerait-elle à sa meilleure amie ? De quitter cet ami qui la trompe ou de prendre des médicaments ?

Il est difficile pour moi de ne pas la soulager immédiatement car sa peine m'émeut. Que feriez-vous à ma place ?

J'ai pris la décision de la soutenir dans sa peine, je l'ai incitée à l'exprimer en lui manifestant de la compassion, mais je n'ai pas prescrit d'antidépresseur.

À mon sens, traiter dans ce cas la tristesse par des médicaments, c'était l'empêcher de percevoir l'aspect toxique de la relation, c'était l'empêcher de se protéger[11] ultérieurement de relations amoureuses douloureuses pour elle, en la faisant retomber dans les mêmes erreurs, En la tranquillisant artificiellement, ne l'aurais-je pas poussée à continuer de subir passivement un mauvais environnement ? Je ne suis pas, par principe, opposée aux médicaments et je prescris des antidépresseurs en cas de dépression, mais non dans le cas d'une émotion triste.

• La tristesse nous incite **à douter et à nous remettre en question.**

> Véra se sent triste. Elle pense à tout ce qu'elle ne parvient pas à faire. Des amis doivent venir dîner le soir même, et cela lui pèse, elle ne sait pas quoi leur faire à manger, elle se croit obligée de mettre les petits plats dans les grands. Elle se sent coupable de ne pas être contente. En rentrant du travail, elle pleure. Après cela, elle a réalisé, « dans ses tripes », que ses amis ne venaient pas pour manger mais pour la voir. Jamais elle n'avait imaginé pouvoir recevoir simplement. Après avoir pleuré, la perspective de faire des pâtes au beurre était tout à fait envisageable. Véra a accepté de faire l'expérience de sa tristesse, avec une certaine compassion pour elle-même, et cela lui a permis de voir les choses autrement.

La tristesse, si elle n'est pas entachée d'émotions secondaires (voir p. 104), en semant le doute dans nos pensées, nous alerte sur le caractère inapproprié de certains de nos comportements modifiables et elle nous pousse à en adopter d'autres.

• **L'expression** occasionnelle à autrui de **sa tristesse** peut modifier nos rapports avec les autres et **nous rendre plus attachant** (voir p. 141).

➤ *En quoi la colère est-elle susceptible de nous aider ?*

• La colère est un signal d'alarme qui nous signale que l'on envahit notre territoire, qu'on nous frustre, qu'on abuse de nous, qu'on nous agresse. Il est tout à fait adapté que nous ressentions de la colère et que nous l'exprimions. Cette émotion nous permet de **rétablir nos droits bafoués**. En l'absence de colère, nous agirions comme si nos droits humains fondamentaux n'étaient pas légitimes, nous nous enfoncerions dans l'impuissance et nous aurions le sentiment de n'avoir aucun pouvoir sur notre vie que celui de subir.

• La colère représente nos facultés d'indignation, elle nous donne de **l'énergie pour lutter contre des injustices**, elle nous implique dans la lutte contre les maux de ce monde.

• La colère est nécessaire dans le sens où, si nous n'en voulons jamais à l'extérieur, nous la retournons contre nous-

Susciter de l'amour en exprimant de la colère ?

Dans *Le Goût des autres* d'Agnès Jaoui avec J.-P. Bacri (je cite souvent leurs films car ce sont des mines d'expressions émotionnelles), la tragédienne dont Castella, un chef d'entreprise ronchon, est amoureux lui rend visite et lui parle d'un tableau qu'il vient d'acquérir. Elle suppose qu'il l'a acheté dans le but de se faire accepter par le petit groupe d'intellectuels artistes aux airs vaguement supérieurs auquel elle appartient. Jusque-là, Castella était tellement admiratif qu'il n'exprimait auprès d'elle que de la béatitude. Mais, cette fois-ci, il se met en colère et exprime sa perplexité. En le considérant ainsi, elle lui ôte, *a priori*, le droit fondamental d'avoir des goûts personnels différents de ceux de la « catégorie des communs » dans laquelle elle et ses amis l'ont placé.

N'est-ce pas l'expression de sa colère qui le fait redevenir « homme » aux yeux de sa belle et qui induit qu'elle le considère à la fin du film non plus avec condescendance, mais avec respect, voire avec amour ?

même, nous nous sentons coupable. Elisa a subi un viol. Elle ne mange plus, ne sort plus, elle sursaute au moindre bruit. Elle souffre d'un syndrome de stress posttraumatique (voir p. 61). Elle veut mourir. Elle est persuadée au fond d'elle-même qu'elle n'aurait pas dû sortir ce jour-là, que ce qui lui est arrivé est sa faute. Elisa a besoin d'être aidée à exprimer une colère parfaitement légitime pour modifier sa croyance erronée. La colère permet de **remettre en question les perceptions négatives de soi-même** (voir travail sur les schémas p. 212).

• Dans certaines situations, exprimer sa colère à autrui peut nous aider à nous faire respecter car elle signifie que nous nous respectons nous-même.

➤ *En quoi la peur est-elle utile ?*

Fort heureusement, quand nous nous aventurons dans des conditions difficiles, notre peur nous signale le danger potentiel, nous met physiquement en état d'alerte, **augmente notre concentration**, nous **incite à la prudence**, nous fait mettre en place des stratégies de repli assurant au mieux notre **protection**, notre survie.

Il existe trois types de stimuli effrayants POUR TOUT LE MONDE responsables de ce qu'on appelle les peurs fondamentales[12] :

1. Les blessures, la maladie et la mort.
2. Le jugement négatif d'autrui ou le rejet par les autres, donc la solitude.
3. La peur de l'angoisse !

Toutes les autres peurs, ce qu'on appelle les peurs « communes », dériveraient des peurs fondamentales. Ainsi, avoir peur des insectes revient à avoir peur d'être piqué, donc à la peur fondamentale des blessures, de la maladie et de la mort.

– La peur et le stress **augmentent la vigilance.**
– La peur **augmente les performances** ; les « peureux » sont souvent plus performants que les laxistes.
– Exprimer sa peur peut donner l'occasion aux autres de nous protéger, leur permettre de se sentir utiles.

En résumé

Les émotions modifient nos comportements, nos façons d'agir, nos pensées, notre état corporel dans le but de nous ajuster à l'environnement[13].

La colère va nous permettre de parer à l'attaque, de nous défendre.

La peur nous permet d'être plus attentif et de nous protéger.

La tristesse, quant à elle, va nous inciter à rechercher du soutien autour de nous, ou au contraire à nous isoler pour évacuer notre chagrin et à accepter une perte.

Pourquoi les émotions sont utiles

Émotions négatives	**Avantages**
Tristesse	– Prendre conscience de ce qui est mauvais pour nous et l'éviter. – Accepter les pertes et ce qui ne peut être changé (deuil).
Peur	– Signale les dangers ou les menaces. – Permet de se protéger.
Colère	– Signale que nos droits ont été bafoués. – Donne l'énergie nécessaire pour les rétablir.

Moralité : cultivons notre intelligence émotionnelle

> « L'intelligence ne se conçoit pas sans une affectivité qui l'imprègne[15]. »

Beaucoup de nos comportements sont automatiques, c'est-à-dire que nous les avons sans réfléchir. Ils nous précèdent.

Connaître ses émotions permet de comprendre ce qui nous pousse à agir (ou à ne pas agir, d'ailleurs). Être attentif à nos émotions nous permet de mieux nous en servir. Les progrès en neurosciences permettent aujourd'hui d'affirmer que les émotions et les sentiments fournissent des informations aussi utiles que nos autres perceptions[16].

Faire comme si elles n'existaient pas nous fait perdre une grande part de contrôle sur notre destinée, sur nos choix.

Cette connaissance de soi-même, de ses émotions et la capacité à les canaliser s'appellent l'*intelligence émotionnelle*.

Certaines personnes « résilientes[17] » amenées à vivre des événements terribles surmontent ces événements de façon spectaculaire et réussissent à rebondir en partie grâce à leur intelligence émotionnelle.

➤ *De quoi s'agit-il ?*

Être émotionnellement intelligent[18], c'est être capable d'étiqueter correctement ses émotions, de façon à pouvoir discriminer ses sentiments.

C'est aussi les exprimer avec justesse et à bon escient.

Ensuite, c'est réguler ses émotions et ses humeurs.

C'est déceler les émotions et les sentiments d'autrui afin de pouvoir prodiguer de l'empathie[19].

C'est utiliser ses émotions pour penser, pour agir[20].

C'est être capable de se motiver et de persister malgré les déceptions, de contrôler ses impulsions et de retarder les gratifications[21], c'est-à-dire différer les plaisirs immédiats au profit d'une satisfaction à long terme.

➤ *À quoi cela sert-il ?*

1. L'intelligence émotionnelle **potentialise l'intelligence** et elle est utile dans la vie de tous les jours.

> Victor est chercheur. Il a fait de hautes études. Ce matin, il s'est senti morose. Il en a pris conscience. Il sait que, dans cet état émotionnel, il est moins productif dans ses travaux de recherches. Il sait que, dans cet état, il passera à côté d'informations déterminantes pour son travail. Du coup, il décide de ranger son bureau et de se mettre à jour administrativement, choses qui lui demandent moins de présence intellectuelle. Ce faisant, il retrouve les papiers signalant une formation qui l'intéresse au plus haut point et pour laquelle la date limite d'inscription est imminente. Cette perspective de formation lui donne de l'enthousiasme. Par ailleurs, ses rangements terminés, il est content de lui, et cela le dynamise. C'est grâce à la prise en compte de ses émotions que Victor s'est adapté au mieux. S'il n'avait pas pris conscience de sa morosité matinale et des répercussions cognitives qu'elle allait avoir, il se serait forcé à travailler comme d'habitude, il n'aurait probablement pas été productif, il serait passé à côté d'une formation intéressante et il aurait fini sa journée encore plus morose qu'il ne l'avait commencée.

2. L'intelligence émotionnelle **sert nos relations sociales**. Elle permet[22] d'être clairvoyant avec les autres, c'est-à-dire de deviner leurs intentions, leurs désirs, de pouvoir nous adapter et même de pouvoir « manipuler notre

monde ». Contrairement à ce que l'on pense généralement, le milieu professionnel et notamment le milieu de l'entreprise sont des endroits « à émotion ».

La motivation va s'accroître ou, au contraire, diminuer, en fonction des émotions des uns et des autres dans l'entreprise.

Pour le dirigeant d'une entreprise, se mettre à la place de ses employés ou de ses collaborateurs ne veut pas dire perdre la sienne. Un dirigeant qui a décelé que X apprécie qu'on lui demande des nouvelles de son fils dont il est fier, et qui a perçu que Y est consciencieux mais trop timide, en réunion, pour exposer ses idées, peut utiliser ses connaissances. En demandant comment va son fils, il peut susciter une émotion positive chez X qui du coup sera plus performant, et, en demandant à Y de résumer par écrit ses conclusions, il obtient tous les renseignements dont il a besoin. Un dirigeant qui fait cela n'est pas forcément un manipulateur. Il montre seulement qu'il sait tenir compte des différences de chacun. Inversement, un employé qui sait gérer son chef caractériel n'est pas forcément un hypocrite mais probablement plutôt quelqu'un d'émotionnellement intelligent.

3. L'intelligence émotionnelle est un **outil pour la prise de décision.**

> David est médecin, il voit en consultation Madame D qui l'ennuie particulièrement. S'il ne prend pas conscience de son agacement préalable, il va être manipulé par son émotion qui va lui faire bâcler inconsciemment la consultation. Si, par contre, il est conscient de son émotion, sa lucidité émotionnelle va lui permettre de prendre la décision de donner la prochaine fois un rendez-vous plutôt en début de journée à Madame D, de façon à être plus disponible intérieurement.

En réalité, beaucoup de nos décisions sont prises grâce ou à cause de nos émotions. Deux spécialistes du monde de l'entreprise[23] affirment qu'il n'y a pas de décisions sans émotions ! Prendre des décisions (et les bonnes), nous devons le faire dans tous les domaines de notre vie : professionnel, amical, amoureux…

Jeanne est avec Fred depuis plusieurs années. Il a son âge, il est intelligent, il est beau, il est extrêmement gentil, il a une belle carrière devant lui… Il remplit tous les critères du prince charmant. Seulement, lorsque Jeanne est avec Fred, elle ressent surtout des émotions négatives. Elle rencontre Paul qui est plus âgé qu'elle, qui est divorcé. Il est moins brillant professionnellement mais en sa compagnie elle est gaie, ne se sent ni coupable ni inférieure. Avec lui, elle déborde d'envies et de projets. Le choix « rationnel », c'est Fred, le choix « émotionnel », c'est Paul. Jeanne a fait le pari du choix émotionnel, non sans difficultés car son entourage ne l'a pas soutenue. Mais, aujourd'hui, elle est beaucoup plus épanouie qu'elle ne l'était quand elle vivait avec Fred.

4. C'est l'intelligence émotionnelle qui fait que nous pouvons surmonter les obstacles qui nous empêchent **d'atteindre les buts** que nous nous sommes fixés. Elle détermine notre motivation. Ainsi, j'ai entrepris un livre sur les émotions parce que cela me semblait utile, mais je traverse un moment de découragement. Je travaille moins à mon livre, je n'ai plus envie de m'y mettre. Après avoir identifié mon découragement, j'ai essayé de faire attention aux circonstances de son apparition parce que, au début de ce projet, au contraire, j'étais pleine d'entrain. Je remarque que mon émotion est apparue après que j'ai fait lire un passage à quelqu'un qui m'a fait des remarques négatives. J'essaie de m'en tenir au seul contenu de sa remarque et de ne pas généraliser à l'ensemble du livre et j'essaie aussi de penser à certains de mes patients et à certains de mes collègues qui ont semblé intéressés par ce que je leur en ai fait lire. Du coup, je retrouve de l'allant et je termine ce livre (j'ai l'air de dire que je suis émotionnellement intelligente, non ?).

5. L'intelligence émotionnelle sert à avoir **confiance en soi.**

Si l'on prend ses décisions en ayant conscience qu'on a été influencé par ses émotions, on assume ses choix. Si on est guidé malgré soi par ses émotions, on a l'impression de subir et on a moins confiance en soi.

> Charlotte avait de grandes difficultés à s'organiser dans son travail. Elle avait aussi de mauvaises relations avec sa hiérarchie. Elle multipliait les arrêts maladie parce qu'elle se sentait incapable de faire face, ce qui avait pour effet d'envenimer davantage les relations avec ses supérieurs. Après avoir appris à repérer et à légitimer ses émotions en thérapie, elle a remarqué que, dans plusieurs domaines de son existence, elle ressentait ce sentiment d'injustice, elle a appris à communiquer ce qu'elle ressentait sans agressivité et elle a ressenti le besoin de s'organiser. L'acceptation de ses émotions a augmenté son sentiment d'aptitude à faire face et sa confiance en elle.

➤ *Est-il possible de développer cette forme d'intelligence ?*

L'intelligence émotionnelle est une forme d'intelligence qui s'acquiert, ce n'est pas un trait de caractère déterminé[24]. Elle est moins élevée chez les adolescents que chez les adultes, les adultes sachant mieux reconnaître et comprendre leurs émotions. Elle se traduit par une aisance verbale dans l'expression des sentiments. Elle se traduit aussi par une aptitude à distinguer le bon grain de l'ivraie lorsque les signaux d'autrui sont ambigus. Elle s'oppose à l'alexithymie[25] (p. 90).

C'est une forme d'intelligence qui croît avec l'âge. Pour une fois que le fait de vieillir apporte des perspectives agréables ! Avec l'âge, non seulement nous serons plus intelligent émotionnellement mais en plus, nous éprouverons plus d'émotions positives et nous souffrirons moins d'instabilité émotionnelle[26] ! Elle est pas belle, la vie ?

Les femmes ont des niveaux de perception et une richesse émotionnelle plus élevés que les hommes. Par contre, il semble qu'elles contrôlent moins leurs émotions que les hommes[27].

On a donc tout intérêt à cultiver notre intelligence émotionnelle d'autant plus que les personnes intelligentes émotionnellement risquent moins que les autres de souffrir de dépression, de troubles anxieux, de désespoir, d'idées suicidaires. Nous serons davantage satisfait de notre vie[28] et nous serons davantage entouré.

En résumé

Bien que ce concept d'intelligence émotionnelle se soit pour l'instant mal prêté à l'évaluation scientifique, son développement et sa diffusion ont implicitement permis de comprendre que, loin de desservir l'intelligence « tout court », la connaissance et l'acceptation de ses émotions et de celles d'autrui – en d'autres termes, l'intelligence émotionnelle – peuvent, au contraire, la décupler et la potentialiser.

CHAPITRE 5

Identifier les facteurs qui amplifient les émotions négatives

Comment tentons-nous de faire face à nos émotions ?

Quels sont les moyens adaptés pour faire face et les moyens nuisibles ?

Quelles sortes de peur nous poussent à éviter l'expérience de nos émotions ?

L'importance du faire face[1]

Nous avons recours à différents moyens pour apaiser nos émotions.

Faut-il systématiquement les fuir ou systématiquement les affronter ? Faut-il en parler aux autres, les leur taire ? Quel est le mieux ? Comment, grâce à une meilleure connaissance des stratégies pour faire face à nos émotions, pouvons-nous être bon pour nous-même ?

➤ *Viser les causes ou les conséquences de nos émotions négatives ?*

Les réactions que nous adoptons face à nos émotions et à notre stress sont appelées *stratégies d'ajustement* ou *stratégies pour faire face* (*coping* en anglais). Une stratégie sera adéquate si elle permet de maîtriser ou de diminuer l'impact de l'agression sur son bien-être général, en clair, si elle nous permet de nous sentir durablement bien physiquement et psychologiquement.

On distingue deux types de *stratégies pour faire face*[2] :

- celles *centrées sur le problème* visant à modifier la situation, une sorte de stratégie en amont de l'émotion, pour éviter que l'émotion ait lieu ou qu'elle ne se reproduise ;
- et celles *centrées sur l'émotion*, c'est-à-dire destinées à diminuer la tension émotionnelle, stratégie en « aval ».

Lorsque l'on adopte une stratégie pour faire face centrée sur le problème[3], on cherche des **solutions pour résoudre le problème**, on tente de mettre en place des **plans d'action**, on recherche des informations (voir p. 181). On vise les causes de nos émotions.

> Lucie a eu une année stressante jalonnée par des événements de la vie quotidienne, au cours de laquelle elle s'est sentie perpétuellement tendue. Chaque matin, en voiture, elle sentait le stress lors des trajets pour se rendre à son travail. Ayant fait ce constat, elle a décidé d'adopter une stratégie pour faire face à son stress centrée sur le problème. Elle a demandé à la banque pour laquelle elle travaille si elle pouvait être affectée dans une agence plus proche de son domicile.

Nous pouvons appartenir au groupe de personnes qui pensent que ce qui arrive dépend de l'extérieur : de la chance, de la malchance, du destin, des autres, le groupe des « externaliseurs »), ou bien appartenir au groupe des « internaliseurs » qui pensent que ce qui arrive dépend de soi. Le fait de penser que les choses dépendent plutôt de soi diminue les réactions émotionnelles et le stress, alors que la tendance à externaliser les augmente[4].

Lorsqu'on attribue généralement les causes de ce qui nous arrive à nous-même, nous adoptons des *stratégies pour faire face centrées sur le problème*, et il semble qu'alors nous présentions moins de troubles émotionnels.

Pour choisir quel type de stratégie utiliser, il est conseillé de chercher à retrouver du contrôle sur l'événement. Par exemple, si l'on doit subir une opération, on sera moins anxieux, on aura moins de risque de complications physiques postopératoires, si on adopte une *stratégie pour faire face centrée sur le problème*, c'est-à-dire si l'on pose des questions, si on se renseigne sur l'opération, l'anesthésie…

Quand nous ne pouvons vraiment rien sur ce qui nous arrive, quand l'événement n'est pas du tout contrôlable, les stratégies centrées sur le problème risquent d'être inefficaces. Quand nous subissons un événement de vie comme une maladie grave, nous sommes devant un événement incontrôlable, nous ne pouvons rien faire sur l'événement, et, dans ce cas, il vaut mieux apprendre à nous centrer sur l'émotion en pratiquant l'évitement ou la réévaluation positive, deux stratégies qui ne sont pas forcément mauvaises en elles-mêmes.

Les *stratégies pour faire face centrées sur l'émotion* visent les conséquences de nos émotions négatives.

➤ *L'évitement*

• L'évitement peut être un moyen mis en place en amont de la survenue de l'émotion, donc un moyen d'agir sur le problème.

On établit intuitivement des probabilités émotionnelles dans une situation donnée qu'on peut choisir d'affronter ou d'éviter. Ce qui nous pousse à éviter des lieux, des événements, des situations, des personnes risquant de nous mettre en colère, de nous rendre triste ou de nous faire peur, c'est la croyance que nous ne pourrons pas faire face, la croyance que nous serons incapable de contrôler les choses.

Ce n'est pas mauvais en soi.

Éviter de telles situations est adapté quand, par exemple, une de nos émotions est surreprésentée. Ainsi, si, depuis quelque temps, je suis beaucoup plus souvent triste que joyeux, il sera judicieux que j'essaie d'éviter des situations tristes, j'ai intérêt à contacter Jules qui me fait rire et à éviter Sandra qui est malheureuse.

Nous avons des avantages à éviter quand nous ne pouvons plus faire quoi que ce soit. Le jour de mes résultats du concours de l'internat, au lieu de passer l'après-midi à attendre, angoissée, et à pianoter fébrilement sur le Minitel, j'ai décidé d'aller au cinéma. Tout était déjà joué concernant ce concours. J'ai choisi d'éviter l'angoisse.

Éviter la survenue de l'émotion en changeant de situation permet, quand on stagne dans un problème, de voir les choses autrement.

Avant de partir en vacances, Frédéric est angoissé. Il a des soucis professionnels. Il regrette d'avoir à partir. Il préférerait différer ses vacances. Elles sont réservées de longue date, et il part quand même. Au retour, ses problèmes professionnels lui semblent bien moins préoccupants, et il les résout rapidement et sans angoisse. L'évitement lui a fait du bien.

Aller voir un spectacle ou un film, aller voir des amis, sortir, choisir des situations qui nous sortent de nos habitudes peut nous permettre de sortir d'une émotion.

Essayez de joindre ces neuf points par quatre lignes.

La plupart d'entre nous ont tendance à rester dans le carré.

Or pour joindre ces points par quatre lignes, il faut sortir du carré.

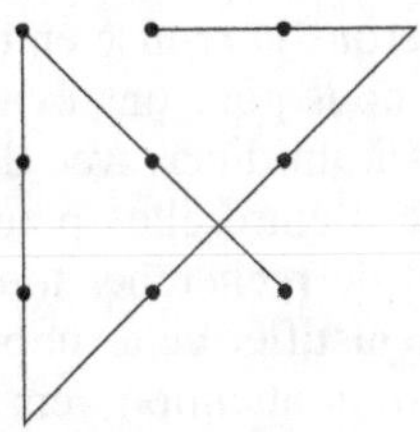

On a souvent tendance à chercher la solution dans le carré mais non à l'extérieur.

Or le changement émane généralement d'un recadrage[5].

• Mais on peut pratiquer l'évitement **après** que l'émotion a eu lieu[6], auquel cas, **on parle d'un évitement émotionnel** (voir p. 104). Clément est très stressé. Il a beaucoup de responsabilités dans son travail. Le soir, il fume du cannabis ou il boit un whisky. En consommant des substances comme de l'alcool, des médicaments, de la drogue, on essaie de diminuer son émotion. C'est efficace à court terme. Le soulagement est immédiat.

Le risque de l'évitement émotionnel **systématique** de la tristesse, de la colère ou de la peur, c'est de chroniciser ces émotions[7], d'en aggraver l'intensité ou la pérennité (voir p. 103).

Pour évaluer l'efficacité d'une stratégie, il faut donc être attentif à son effet **régulateur** à court terme **et à long terme**. Notre tendance est souvent de privilégier les stratégies de régulation à court terme.

➤ *La révision de nos pensées*

• Comme l'évitement, changer ses pensées peut être une stratégie centrée sur le problème si nous les remettons suffisamment tôt en question par rapport à ce que nous vivons. Plus nous pratiquerons la remise en question de nos pensées en amont, mieux nous pourrons éviter les émotions négatives. Ainsi, je suis à un dîner avec des collègues. L'attitude prétentieuse d'une d'entre elles pourrait m'agacer. Au lieu de la dévisager et de rechercher tous les détails chez cette personne pouvant justifier cette impression, je peux volontairement diriger mon attention vers autre chose, par exemple vers une autre collègue dont la conversation m'intéresse. Je ne travaille pas en aval de mon agacement mais en amont, **en dirigeant volontairement autrement mon attention** et donc en évitant le problème.

• Nous pouvons chercher à **attribuer une autre signification à la situation** : je peux, par exemple, essayer de me dire que cette fameuse collègue prétentieuse doit cruellement manquer de confiance en elle pour avoir autant besoin de minauder. Ainsi, je pourrai la voir avec davantage de compassion. J'évite mon agacement, mon émotion négative.

• Changer nos pensées peut aussi être une stratégie en aval, si nous pratiquons cette remise en question de nos pensées **après** avoir ressenti une peur, une colère, une tristesse. Nous savons maintenant que les émotions nous font automatiquement déformer la réalité, interpréter les faits, changer notre façon de penser et orienter notre attention vers des événements qui vont dans le sens de ce que nous ressentons. Repenser à tous ces processus automatiques favorise la mise à distance et apaise l'intensité de nos émotions négatives. En nous disant « c'est parce que je ressens telle émotion que je pense de cette façon et que je regarde tels faits autour de moi », nous souffrirons moins. Modifier ses pensées est une stratégie à connaître (voir p. 235). La pratique de la pensée positive en essayant de nous focaliser uniquement sur les aspects positifs de ce qui arrive[8] est également une stratégie adaptée quand nous prêtons exclusivement attention aux aspects négatifs. En revanche, quand le recours à la pensée positive est systématique, et que cela ressemble à la méthode Coué (« je vais bien, tout va bien »), cela peut devenir toxique puisque cela constitue une stratégie **excessive** d'évitement émotionnel.

➤ *Le partage des émotions et la recherche de soutien*

Parler à quelqu'un de ce que l'on ressent, rechercher la compréhension d'autrui, essayer de ne pas rester isolé face à son problème est un moyen de faire face après que l'émotion a eu lieu, *donc une stratégie centrée sur l'émotion.*

Luc a de gros soucis professionnels. Son secteur d'activité, très technique, est complètement différent de celui de sa femme. Depuis peu, il assume de nouvelles responsabilités. Il revient chaque soir très préoccupé. Il pense qu'en parler à sa femme ne servirait à rien car elle ne connaît rien à son domaine. Un jour qu'elle le sent extrêmement tendu, elle l'incite à lui expliquer ses préoccupations. Il se surprend à en parler pendant une heure et demie. Et, bien qu'elle n'ait fait qu'écouter et poser des questions, qu'elle n'ait en rien résolu ses problèmes, il s'est senti mieux. Il a d'ailleurs, juste après cette conversation, adopté une *stratégie pour faire face centrée sur le problème*. S'expliquer auprès de sa femme lui a permis de clarifier ses problèmes et de trouver certaines solutions concrètes.

Mais nous avons aussi en tête des expériences dans lesquelles nous avons exprimé ce que nous ressentions et où non seulement cela ne nous a pas soulagé, voire cela a aggravé notre mal-être.

Alors vaut-il mieux taire ou vaut-il mieux exprimer ce que l'on ressent[9] ?

Cette question binaire suscite souvent des débats passionnés, voire conflictuels. Et la réponse n'est pas binaire.

Intérêt de dissimuler ses émotions à autrui

Nous avons peur, en exprimant des émotions échappant aux normes du groupe auquel nous appartenons, d'être raillé, exclu ou rejeté. Il existe en effet un certain nombre de « normes émotionnelles » tacites.

Dans certaines professions, on forme les personnes à dissimuler leurs émotions[10], tant leurs expressions seraient nuisibles : les gardiens de prison, par exemple, sont entraînés à ne laisser transparaître que l'émotion de colère, certaines vendeuses, certaines hôtesses de l'air apprennent à sourire même si elles ressentent des émotions négatives, les soldats, les pompiers, les gendarmes ne doivent pas montrer qu'ils ont peur. Il est convenu que les dirigeants d'entreprise doivent se montrer décisionnels, rationnels, sans « état d'âme ».

Dans le milieu du travail, les émotions assimilées au pouvoir sont davantage la colère, l'énervement, l'agacement, le mépris, le dédain, voire la fureur. En revanche, la tristesse, la honte, la culpabilité, la déception sont des émotions dont l'expression est considérée comme un signe de faiblesse et, de façon stéréotypée, rattachées au genre féminin[11].

Nous avons donc de bonnes raisons de taire ce que nous ressentons. Dans la sphère privée, si nous sommes triste et que nous « soûlons » nos amis avec notre cafard, nous allons vite faire le vide autour de nous. Si nos interactions avec eux se font systématiquement dans la colère, nous allons entrer en conflit avec eux, et ils ne voudront plus nous voir. Avec notre partenaire, nous savons que si, chaque fois que nous le voyons, nous lui faisons des reproches, c'est-à-dire si nous laissons libre cours à l'expression de nos émotions négatives, la relation va faire long feu. Pour l'équilibre de notre couple, il va bien falloir à un moment réprimer notre insatisfaction de façon à pouvoir envisager des solutions constructives.

Même lorsque nous sommes seul, ressasser sa détresse l'intensifie et la prolonge ! On s'est aperçu que parler de ses émotions[12] en soi ne servait pas à grand-chose. On a tous dans notre entourage une personne qui passe son temps à dévider ses expériences émotionnelles et auprès de laquelle nous sentons que, quel que soit notre degré de patience, notre écoute ne sert pas à grand-chose. Elle ira répéter la même chose à quelqu'un d'autre sans que son émotion ait fluctué d'un iota !

Intérêt d'exprimer ses émotions aux autres

Notre société évolue, et il semble quand même que l'on soit de plus en plus sensible à l'intelligence émotionnelle et à l'authenticité.

Il y a des inconvénients à cacher ce que l'on ressent. Ainsi, il a été démontré que les personnes qui n'expriment pas leurs émotions :

- ressentent des émotions négatives plus fortes et des émotions positives moins intenses que les autres[13] ;

– sont perçues par les autres comme inauthentiques, pas sincères, car suspectées de cacher des choses avec de mauvaises intentions ;
– donnent moins envie aux autres de se lier avec elles, ont l'air moins sympathique.

Supprimer ses émotions pendant un conflit avec sa femme (ou son mari) diminue l'attention, entraîne une mauvaise mémorisation du thème du conflit. Les réponses tombent à côté. La satisfaction du couple est diminuée, et chez celui qui tait ses émotions, et chez l'autre partenaire.

Exprimer ses émotions est intéressant car dire ce que l'on ressent de positif nous rend attachant et sympathique auprès des autres. Se révéler est un point central dans l'attraction initiale et dans le développement de l'intimité avec un partenaire amoureux. Et montrer occasionnellement sa détresse suscite de la compassion[14].

➤ *Comment faire face de manière adaptée ?*

Avec tout ça, comment s'y retrouver puisqu'il n'existe visiblement pas de stratégie idéale, universelle pour réguler nos émotions et notre stress ?

• Le premier point important, c'est que, pour faire face à notre stress, à nos émotions et éviter qu'ils ne deviennent chroniques, dangereux pour notre santé, nous devons réaliser qu'ils sont présents. Pour cela, un minimum de disponibilité à soi-même est indispensable : **prendre le temps de prendre conscience de nos émotions négatives.**

• Ensuite, nous devons **être attentif aux effets à court terme et à long terme des stratégies** que nous utilisons.

À court terme, par exemple, il est momentanément plus confortable de supprimer l'expression de ses émotions dans un groupe dans lequel elles dénotent. Au niveau physiologique, il faut savoir que cela ne changera rien, notre cœur continuera de battre plus vite, notre tension artérielle restera élevée... Toujours à court terme, les stratégies visant les pensées (intellectualisation, réévaluation positive, prise de distance...) pourront atténuer légèrement l'activation dans le corps.

À long terme, l'évitement de l'expérience des émotions et la dissimulation systématique de nos émotions à autrui seront nuisibles à notre santé physique[15].

• Le plus important à retenir, c'est que, pour contrôler et réguler notre stress et nos émotions, il faut **équilibrer nos stratégies** et ne pas avoir recours à un mécanisme unique. Il faut impérativement sortir du tout ou rien car ce sont ces oppositions manichéennes qui nous font souffrir et qui font le terreau de la pathologie.

C'est le TROP qui est mauvais : trop exprimer, trop taire, trop éviter, trop affronter, trop intellectualiser... Il faut cesser de faire toujours plus de la même chose.

Éric s'est remarié et il a trois belles filles. La cohabitation est parfois difficile. Il s'en veut d'éprouver de la colère quand elles refusent d'aller au lit. S'accuser d'être à l'origine du problème est une *stratégie pour faire face centrée sur l'émotion.* Il pense que c'est parce qu'il n'est pas leur père qu'il ressent cette émotion. Il essaie de prendre sur lui pour ne rien dire. Plus il se contient, plus ses émotions l'envahissent, plus il ressent de la colère, plus il s'en veut. Il finit par ne plus les supporter et par en vouloir à leur mère. S'obligeant à se taire, Éric fait toujours plus de la même chose, et le problème s'aggrave. Il réalise qu'il n'en peut plus. Il a cherché des solutions et il s'est acheté un livre de psychologie (stratégie pour faire face centrée sur le problème) qui lui a permis de voir les choses sous un autre angle (recadrage). Il a osé opérer un changement et modifier son comportement. Il a exprimé sa colère (partage de l'émotion) à ses belles filles. Elles en ont été très surprises. Elles sont allées au lit et se sont mises à le respecter davantage. Exprimer sa colère a été, ce soir-là, une stratégie adaptée. Si chaque soir Éric s'était mis en colère, exprimer sa colère un soir de plus aurait été une mauvaise stratégie.

• Le dernier point important, c'est de **se donner la possibilité de moduler dans le temps ses stratégies**. Comme Éric, nous pouvons en essayer plusieurs jusqu'à trouver la bonne. Pour en évaluer l'efficacité, nous avons notre indicateur : la persistance ou non de l'émotion négative.

Depuis quelque temps, Lola a souvent une boule à l'estomac qui s'accompagne d'une certaine tension intérieure. Elle essaie une première stratégie centrée sur l'émotion : le partage des émotions, la recherche de soutien. Elle parle de son malaise à son mari. Par la suite, elle examine son émotion : elle ressent toujours le même malaise, elle ne ressent pas spécialement de soulagement. Elle essaie une deuxième stratégie : elle se met en colère contre ses enfants qui mettent le « souk » partout dans la maison et elle prend une femme de ménage. Ça va un tout petit peu mieux, mais le mieux-être n'est pas flagrant. Elle tente alors une troisième *stratégie centrée sur le problème* : elle se prend une journée, rien que pour elle, et elle rend visite à sa meilleure amie. Elle revient détendue. Ce résultat émotionnel l'incite à inscrire ce dernier comportement dans les habitudes. Elle a fait face à son émotion, et cela l'a aidé à résoudre ses problèmes.

Ce diagramme permet d'utiliser nos émotions pour nous ajuster à ce que nous vivons. La persistance de notre stress, de notre tristesse, de notre colère ou de notre peur indique que, ce que nous avons essayé n'a pas été parfaitement bon pour nous et que nous devons tenter autre chose. Il faut cesser, rétrospectivement, de nous en vouloir de n'avoir pas eu d'emblée la meilleure stratégie et nous don-

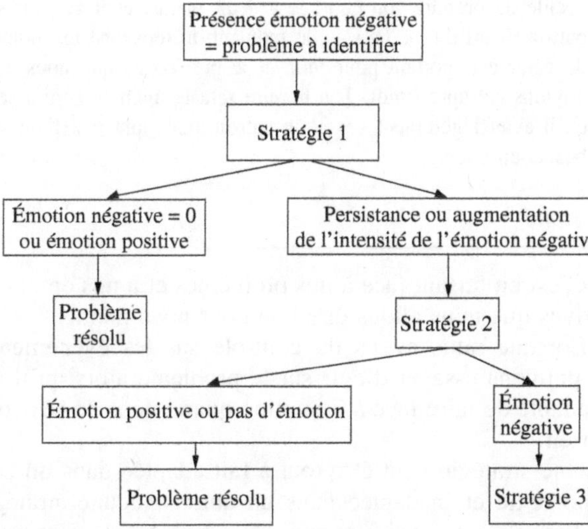

Observer la persistance/ou le soulagement de nos émotions pour résoudre nos problèmes

ner le droit de nous ajuster par paliers. Ce diagramme permet donc de se servir de ses émotions négatives.

Tom s'en sert maintenant quotidiennement. Son patron lui a demandé le matin s'il était d'accord pour qu'ils déjeunent ensemble. Tom lui a répondu qu'il allait regarder dans son emploi du temps si c'était possible. Pour Tom, le repas est un moment de détente, et il sait que son patron va lui parler uniquement de travail. La perspective de ce repas l'ennuie. Il tente d'abord d'éviter son patron dans les couloirs. Il échafaude la possibilité de mentir en prétextant un rendez-vous le midi même. Mais, quand il fait le point sur ce qu'il ressent, il perçoit qu'il est mal à l'aise et que cette perspective d'action ne le soulage pas complètement. Il décide de prendre son courage à deux mains, et il va voir son patron. Il lui dit : « Tu sais, le moment du repas est un moment de détente important pour moi, et je préférerais que nous nous voyions cet après-midi. Ton horaire sera le mien. » Tom a senti qu'il avait légèrement vexé son patron, mais tant pis. Il se sent beaucoup mieux.

En résumé

C'est en faisant face à nos problèmes et à nos émotions négatives que nous allons être bon pour nous-même.

Lorsque nous avons du contrôle sur les événements, nous pouvons essayer d'agir sur le problème alors qu'il est plus adapté de faire face à l'émotion quand nous ne pouvons plus rien.

Une stratégie peut être tout à fait adaptée dans un certain contexte et inadaptée dans un autre. Aucune stratégie n'est bonne ou mauvaise en soi. Une stratégie devient mauvaise lorsqu'on l'utilise trop.

Certaines stratégies sont apaisantes à court terme, mais comportent des risques à long terme. C'est en accordant de l'importance à nos émotions négatives que nous découvrirons la meilleure stratégie à adopter.

L'importance de la peur

Nous venons de voir combien il est important de faire face à nos émotions. Or certaines peurs nous en empêchent. Nous faisons alors de **l'évitement émotionnel**. Cette émotion secondaire, la peur, aggrave nos émotions négatives (voir p. 102).

Quelles sortes de peur nous poussent à fuir nos émotions ?

➤ *La peur de ne plus contrôler ses actes*

Certaines personnes souffrant d'une phobie des émotions sont persuadées que, si elles se laissent aller à l'émotion, elles vont perdre le contrôle d'elles-mêmes et risquer de faire n'importe quoi. Elles confondent émotions et passage à l'acte, ainsi, elles confondent la colère avec la violence (voir p. 112).

Elles ont **peur de perdre le contrôle** de leurs comportements c'est-à-dire des débordements auxquels pourrait les amener l'expérience de l'émotion[16].

- Elles redoutent la colère parce qu'elles ont peur de ce qu'elles pourraient dire ou faire. Elles ont peur de blesser quelqu'un, de tout casser, de hurler.
- Elles ont peur d'avoir peur parce qu'elles imaginent qu'elles ne vont plus du tout être lucides, qu'elles vont parler bizarrement et qu'elles vont devenir folles, qu'elles vont faire n'importe quoi.
- Elles ont peur d'être tristes car elles ont peur de se jeter par la fenêtre, de se faire du mal, d'être dangereuses pour elles-mêmes.
- Elles ont même peur d'être heureuses car elles ont peur de ne plus contrôler leurs actes, leurs réactions, leurs emballements, elles ont peur de dépasser les bornes, de faire des choses stupides.
- Lorsqu'elles ont des relations sexuelles, elles redoutent d'éprouver un orgasme, qui représente la plus flagrante des pertes de contrôle de soi. En effet, au moment d'un véritable orgasme, le cortex, c'est-à-dire la zone cérébrale qui contrôle, qui a conscience des choses, n'est pas activé[17]. C'est un moment dans lequel rien ne se passe dans le cortex ! Vouloir contrôler active cette zone du cerveau et constitue le plus sûr moyen de ne pas avoir d'orgasme.

J'ai le droit de penser et de ressentir ce que je veux : en colère, je peux penser, si ça me fait du bien, que je vais tuer mon voisin qui fait du bruit. ET NE PAS LE FAIRE.

De la même façon, éprouvant du désir, je peux penser à quelqu'un, fantasmer, imaginer dans ma tête que je fais l'amour avec cette personne. Et être tout à fait capable de ne pas lui sauter dessus à la première occasion.

Lorsque l'on souffre de cette peur de faire n'importe quoi sous le coup de l'émotion, il est important de s'exposer aux émotions, c'est-à-dire de se pousser à multiplier les expériences réelles dans lesquelles on se laissera aller à la tristesse, à la peur, à la colère ou à la joie. Bien que chamboulé par rapport à d'habitude, au cours de ces « tests », on constatera qu'on garde parfaitement le contrôle de ses actes. Les techniques présentées aux pages 202 et 212 permettent de s'exposer aux émotions.

➤ *La peur de ne jamais en sortir*

Lorsque l'on est mal à l'aise avec ses émotions, on peut l'être aussi parce qu'on redoute qu'elles ne s'interrompent jamais.

On mélange la colère avec un état permanent d'agressivité, la peur avec un caractère peureux. On confond souvent **émotion et humeur**, notamment tristesse et dépression. L'humeur, c'est une émotion qui dure. La dépression consiste en une humeur dépressive, c'est une maladie (voir p. 111).

Dans la série télévisée *Clara Scheller* (une mine, ces séries télé), le personnage interprété par Hélène Vincent disait : « Ce n'est pas grave d'être malheureux à cause de quelqu'un, ce qui est grave, c'est d'être malheureux à cause de personne, à cause de rien ». C'est en partie le distinguo entre une émotion (être triste à cause de quelqu'un ou de quelque chose) et la dépression (être triste sans arrêt et sans « raison »).

S'il est vrai que les émotions négatives comme la peur ou la colère durent plus longtemps que les émotions positives comme le plaisir ou l'excitation, chez mes patients et chez moi-même, j'ai remarqué que, lorsque nous nous exposions à la tristesse, voire à la détresse, cela ne durait pas au-delà de deux heures. Concernant l'angoisse, elle atteint en général son maximum en quelques minutes et peut durer jusqu'à deux heures.

Pour la moitié des gens, une expérience émotionnelle dure un peu plus d'une heure, et pour 22 % des gens seulement, l'émotion dure plus de vingt-quatre heures[18].

UNE ÉMOTION EST DONC UN PHÉNOMÈNE BREF, LIMITÉ DANS LE TEMPS.

➤ *La peur que les autres nous méprisent, nous trouvent faible*

On peut avoir peur de ses émotions à cause de la crainte que les autres nous jugent mal.

> Pendant sa scolarité, Pascal redoutait que les professeurs lui posent des questions parce qu'il avait peur de se tromper, que sa voix tremble et que la classe se moque de lui. Il évitait de parler aux filles parce qu'il avait peur de rougir. Aujourd'hui, il travaille et il éprouve une crainte à l'idée d'exprimer son désaccord à son supérieur hiérarchique. Il a une petite amie, mais il n'ose pas lui parler de ce qu'il ressent de peur d'être embarrassé. Alors il se cantonne à échanger sur la pluie et le beau temps, mais elle commence à le lui reprocher et à se lasser.
>
> En fait, lorsque Pascal décèle en lui la moindre émotion, cela déclenche de l'angoisse. Il se dit à lui-même qu'il devrait être suffisamment fort pour dominer cela, qu'une personne « nor-

male » est tout à fait à l'aise avec sa hiérarchie et qu'une personne « normale » communique ses sentiments d'amour sans gêne. Ces croyances ne font qu'amplifier ses émotions.

Or ces croyances sont fausses.

Récemment, Pascal a appris à accepter cela. Il est beaucoup plus « à l'aise avec son malaise » aujourd'hui. Il a osé parler à son amie de ce qu'il ressentait, de son trouble à certains moments, de son agacement à d'autres, il a même pleuré une fois devant elle. Or non seulement elle n'est pas partie, mais elle se sent beaucoup plus proche de lui.

Là encore, des tests dans la réalité sont nécessaires pour vérifier que l'expression de nos émotions négatives n'aboutira pas forcément à une expérience de rejet (voir technique p. 226), au contraire, ils le sont pour vérifier que c'est davantage l'impassibilité qui met les autres à distance (voir p. 92) et pour vérifier que les hommes et les femmes qui nous entourent ressentent aussi des émotions et que ce n'est pas pour ça que nous les aimons moins.

L'expression des émotions présente des avantages (voir p. 141).

➤ *La peur des sensations corporelles liées aux émotions : la peur d'avoir quelque chose de grave*

Madeleine accompagne son fils à la représentation de fin d'année dans laquelle il doit jouer. Il tremble, il a peur de se tromper. Madeleine est touchée par ce qu'est en train de vivre son fils, mais n'en a pas conscience. D'un seul coup, elle sent son cœur battre plus vite. Elle redoute de faire une crise de panique devant tout le monde. Crainte très angoissante qui accélère encore son rythme cardiaque. Son anxiété est telle qu'elle est obligée de sortir de la salle. Elle croit qu'elle va mourir. Depuis lors, elle évite systématiquement les salles de spectacle car elle pense que ce sont elles qui sont angoissantes.

Nous n'avons pas toujours conscience des manifestations physiques que génèrent nos émotions, et cela peut entraîner de fortes angoisses chez certaines personnes prédisposées.

Madeleine a cru que c'était le lieu, la salle de spectacle, qui était à l'origine de son attaque de panique, alors qu'en réalité elle **a eu peur des sensations physiques accompagnant son émotion (*arousal*)**.

Madeleine vit les émotions (dont elle n'a pas conscience) comme une irruption incompréhensible, incontrôlable, annonçant un déséquilibre, une crise, une maladie.

C'est un cercle vicieux qui l'a menée à la panique :

- les émotions et leurs signaux physiques déclenchent automatiquement et très rapidement des pensées catastrophistes comme « je vais faire une crise d'angoisse » ou « je vais devenir fou (folle) »... ;
- ces pensées génèrent de l'angoisse, c'est-à-dire une décharge d'adrénaline qui augmente le rythme cardiaque, qui accélère la respiration et qui fait que toutes les douleurs et toutes les sensations sont accrues ;
- de ce fait, l'émotion est encore plus intense, ce qui renforce les prédictions catastrophistes, l'angoisse augmente... ;
- jusqu'à la crise de panique.

Madeleine souffre d'une phobie des signaux internes[19], appelée *trouble panique*[20]. Ce problème touche 2,5 % de la population et commence généralement entre 20 et 30 ans[21]. L'apparition du **trouble panique** est souvent précédée de stress, de conflits interpersonnels non résolus, **et celui-ci est très fréquemment associé à une peur des émotions**[22].

Souvent, les paniqueurs sont plus angoissés au début des week-ends, des vacances ou lorsqu'ils se relaxent[23] car, dans ces situations de détente, ils sont moins occupés et plus à même de percevoir leurs émotions et leurs sensations physiques.

Ce sont donc les signaux physiques NORMAUX mais INHABITUELS, et notamment ceux de l'émotion, qui amènent le « paniqueur » à paniquer et non pas l'environnement, l'extérieur.

C'est pourquoi il est fondamental que les personnes sujettes au trouble panique puissent bénéficier non seulement d'un traitement cognitif et comportemental adapté, mais aussi qu'elles apprennent à se confronter à l'expérience des émotions. Ainsi, elles pourront en intégrer le caractère normal et s'habituer aux sensations physiques connexes.

En résumé

La peur de nos émotions peut aggraver certains troubles anxieux comme le TOC, le trouble panique, le trouble anxieux généralisé ou la phobie sociale[24], les troubles des conduites alimentaires, la dépression.

Il s'avère que ces troubles sont souvent associés[25] les uns aux autres[26], et on peut se demander si la phobie des émotions, c'est-à-dire la difficulté à légitimer et à gérer ses émotions, n'est pas le trait d'union entre ces différents problèmes[27].

Cette perspective pourrait permettre d'améliorer la prise en charge, la compréhension de ces maladies et surtout aider à prévenir les rechutes.

C'est pourquoi il est si important de comprendre les émotions de façon à pouvoir en accepter davantage l'expérience. Lorsque nos émotions nous font peur, nous devons garder en tête :

– que les émotions sont limitées dans le temps ;
– qu'une émotion n'est pas un passage à l'acte ;
– que tout le monde éprouve des émotions positives ET négatives ;
– et que les émotions ne sont pas le signe qu'on est fou ou folle.

Avez-vous peur de vos émotions ?

Pour évaluer votre peur des émotions, vous pouvez remplir ce questionnaire, appelé ACS[28] en anglais ou Échelle de contrôle affectif[29].

Le test

Veuillez indiquer dans quelle mesure vous êtes d'accord avec chacun des énoncés ci-dessous en encerclant le chiffre approprié (1 à 7) à côté de chaque énoncé :

1	2	3	4	5	6	7
Très fortement en désaccord	Fortement en désaccord	En désaccord	Neutre	D'accord	Fortement d'accord	Très fortement d'accord

1. Je crains de dire des choses que je vais regretter lorsque je me mets en colère.

1 2 3 4 5 6 7

2. Je peux trop m'emballer lorsque je suis vraiment heureux(se).

1 2 3 4 5 6 7

3. La dépression pourrait vraiment me submerger, c'est donc important de combattre la tristesse.

1 2 3 4 5 6 7

4*. Si je « déprime », je suis assez certain(e) de rebondir tout de suite.

1 2 3 4 5 6 7

5. Je deviens tellement agité(e) lorsque je suis nerveux(se) que je n'arrive pas à penser clairement.

1 2 3 4 5 6 7

6. Déborder de joie, c'est bien, mais je crains de perdre le contrôle de mes actes si je deviens trop excité(e).

1 2 3 4 5 6 7

7. Ça me fait peur lorsque je tremble.

1 2 3 4 5 6 7

8. J'ai peur de blesser quelqu'un si je deviens vraiment furieux(se).

1 2 3 4 5 6 7

9*. J'ai confiance dans ma capacité à contrôler mon niveau d'anxiété.

1 2 3 4 5 6 7

10. Avoir un orgasme me fait peur car je crains de perdre le contrôle.

1 2 3 4 5 6 7

11. Si les gens en venaient à savoir à quel point je suis en colère parfois, les conséquences pourraient être très graves.

1 2 3 4 5 6 7

12*. Lorsque je me sens bien, je me laisse aller et j'en profite au maximum.

1 2 3 4 5 6 7

13. J'ai peur de sombrer dans une dépression qui m'anéantirait.

1 2 3 4 5 6 7

14. Lorsque je me sens très heureux(se), je dépasse la mesure, ce qui fait que je n'aime pas trop m'emballer.

1 2 3 4 5 6 7

15. Lorsque je deviens nerveux(se), je pense que je vais devenir fou (folle).

1 2 3 4 5 6 7

16*. Je me sens très à l'aise pour exprimer des sentiments de colère.

1 2 3 4 5 6 7

17*. Je suis capable de m'empêcher de devenir trop anxieux(se).

1 2 3 4 5 6 7

18*. Peu importe jusqu'à quel point je deviens heureux(se), je garde les pieds bien sur terre.

1 2 3 4 5 6 7

19 . J'ai peur de me faire du mal si je deviens trop déprimé(e).

1 2 3 4 5 6 7

20. Ça me fait peur quand je suis nerveux(se).

1 2 3 4 5 6 7

21*. Ce n'est pas agréable d'être nerveux(se), mais je peux le supporter.

1 2 3 4 5 6 7

22*. J'aime me sentir excité(e) – c'est une émotion fantastique.

1 2 3 4 5 6 7

23. J'ai peur de perdre le contrôle lorsque je suis au septième ciel.

1 2 3 4 5 6 7

24. Il n'y a rien que je puisse faire pour arrêter l'anxiété une fois qu'elle a commencé.

1 2 3 4 5 6 7

25. Lorsque je commence à déprimer, je pense que je pourrais trop me laisser aller à la tristesse.

1 2 3 4 5 6 7

26. Dès que je deviens nerveux(se), je pense que je n'arriverai plus à maîtriser mon anxiété.

1 2 3 4 5 6 7

27*. Déprimer n'est pas si grave parce que je sais que ça passera vite.

1 2 3 4 5 6 7

28. Je serais mort(e) de honte si je me mettais en colère devant d'autres personnes.

1 2 3 4 5 6 7

29. Lorsque j'ai le cafard, j'ai peur de tomber trop bas.

1 2 3 4 5 6 7

30*. Lorsque je me mets en colère, je n'ai pas particulièrement peur de perdre mon sang-froid.

1 2 3 4 5 6 7

31*. Que je sois heureux(se) ou non, je reste maître(sse) de moi-même.

1 2 3 4 5 6 7

32. Lorsque je m'emballe vraiment pour quelque chose, je m'inquiète que mon enthousiasme dépasse les bornes.

1 2 3 4 5 6 7

33. Lorsque je deviens nerveux(se), j'ai l'impression que je vais me mettre à crier.

1 2 3 4 5 6 7

34. Je deviens nerveux(se) à l'idée de me mettre en colère parce que j'ai peur d'aller trop loin et de le regretter par la suite.

1 2 3 4 5 6 7

35. J'ai peur de bafouiller ou de parler bizarrement lorsque je suis nerveux(se).

1 2 3 4 5 6 7

36. Devenir vraiment enthousiaste à propos de quelque chose me pose problème car, parfois, mon jugement est brouillé quand je suis trop heureux(se).

1 2 3 4 5 6 7

37. La dépression m'effraie – J'ai peur de devenir déprimé(e) et de ne jamais m'en remettre.

1 2 3 4 5 6 7

38*. Ça ne me dérange pas vraiment de me sentir « nerveux(se) » ; je sais que c'est seulement passager.

1 2 3 4 5 6 7

39. J'ai peur que le fait de donner libre cours à ma colère me mette dans une rage sans fin.

1 2 3 4 5 6 7

40. Lorsque je deviens nerveux(se), j'ai peur de faire des bêtises.

1 2 3 4 5 6 7

41. J'ai peur de faire quelque chose de stupide si je me laisse emporter par mon bonheur

1 2 3 4 5 6 7

42. Je crois que mon jugement s'en ressent lorsque je deviens vraiment heureux(se).

1 2 3 4 5 6 7

Quel est votre score ?

Pour les questions sans astérisques, vos points correspondent au chiffre que vous avez entouré. Par exemple, si vous avez répondu d'accord à la question 1, comptez 5 points. Faites votre total.

Les questions 4, 9, 12, 16, 17, 18, 21, 22, 27, 30, 31, 38 avec un astérisque sont des questions « inversées ». Donc, si vous avez entouré le chiffre 1 correspondant à l'appréciation « très fortement en désaccord », vous comptez 7 points, et, inversement (si vous avez entouré le 7, vous comptez 1 point), si vous avez répondu 6, vous comptez 2 (et inversement), la réponse 3 compte 5 points, et inversement. Si vous avez mis 4, vous comptez 4. Faites le total des points obtenus pour les questions inversées.

Vous additionnez ces deux totaux et vous obtenez votre score.

S'il est supérieur à 210, vous avez tendance à contrôler à outrance vos émotions.

Il se peut aussi que vous ayez tendance à contrôler excessivement une émotion et non les autres.

Vous hypercontrôlez probablement :

- la colère si votre sous-score aux questions 1, 8, 11, 16*, 28, 30*, 34, 39 (même façon de compter les points que pour le score global, en pensant à inverser quand la question a un astérisque) est supérieur à 40 points. Dans ce cas, travaillez l'exposition à la colère (voir p. 206) ;
- vos émotions positives si votre total de points aux questions 2, 6, 10, 12*, 14, 18*, 22*, 23, 31*, 32, 36, 41, 42 dépasse 65. Dans ce cas, essayez de developper la pleine conscience (voir p. 199) et écoutez votre corps (voir p. 192) ;
- la tristesse si le sous-total de vos points aux questions 3, 4*, 13, 19, 25, 27*, 29, 37 est supérieur à 40. Reportez-vous aux techniques présentées pages 202 et 212 ;
- et la peur si le total des points aux questions 5, 7, 9*, 15, 17*, 20, 21*, 24, 26, 33, 35, 38*, 40 est supérieur à 65. Dans ce cas, pratiquez régulièrement l'exposition aux émotions (voir p. 202). Si vous êtes reconnus dans un des troubles anxieux présentés dans ce livre, n'hésitez pas à vous faire aider d'un thérapeute cognitivo-comportementaliste qui pourra vous guider pour des expositions plus spécifiques.

CHAPITRE 6

Retracer son parcours émotionnel

Retracer notre parcours émotionnel est la dernière étape. Cela suppose :

- de comprendre notre évolution, depuis l'enfance, dans notre façon de ressentir et de faire face aux émotions ;
- d'identifier les carences subies dans l'enfance ayant pu laisser des traces ;
- de déterminer notre schéma ;
- et enfin de mettre au jour les réactions défensives que nous avons adoptées de peur que l'histoire se répète, et qui ont favorisé la persistance de notre mal-être.

Ainsi, en nous comprenant davantage, nous appliquerons plus efficacement les stratégies de changement du chapitre suivant.

Les émotions au cours de l'enfance

Notre enfance peut parfois influencer nos émotions d'adulte. Pour atténuer nos émotions inadaptées liées au passé, il faudra ne pas juger négativement l'enfant que nous avons été (voir p. 212). C'est impossible tant que nous considérons notre enfance avec des yeux d'adulte en oubliant les étapes de développement affectif et émotionnel que nous avons traversées.

➤ *Mon intelligence et mes émotions d'enfant*[1]

Pour guérir de nos schémas, une partie du travail va consister à ressentir de la compassion pour l'enfant que nous avons été, en revoyant le passé différemment. Pour y parvenir, essayons de comprendre comment un enfant raisonne, ressent et réagit :

Un enfant voit le nombre et la qualité de ses émotions croître avec l'âge.

• Nourrisson, le système émotionnel est binaire : on éprouve du plaisir et on sourit, ou du déplaisir et on pleure. Intellectuellement, à cet âge, quand on nous montre un jouet, et qu'on nous le retire, il n'existe plus. Nous ne faisons pas la différence entre nous et notre maman, entre nous et les autres.

• Un peu plus tard, un bébé qui pleure peut éprouver de la peur, du dégoût ou de la colère : à l'âge de 6 mois, les émotions sont un peu plus complexes. Le bébé explore des actions et leurs conséquences, mais sans se les représenter « dans la tête », il a une intelligence essentiellement pratique. Il se met en mouvement, atteint des objets et intériorise, grâce à la répétition des gestes, que telle action peut l'amener à tel résultat. Il apprend qu'il est différent du monde qui l'entoure, qu'il est distinct des autres, il apprend donc à les reconnaître puis à s'en distinguer[2].

• Vers 2 ans, l'enfant est capable d'éprouver de l'embarras, de l'envie, du plaisir, de la joie, de l'affection. C'est à cet âge que le langage apparaît.

• On parle ensuite du stade « égocentrique[3] », l'enfant étant incapable de prendre le point de vue d'une autre personne, non pas parce que c'est un enfant égoïste mais parce qu'il ne le peut pas, « cérébralement parlant ». Ce n'est que vers 3 à 5 ans qu'un enfant pourra en être capable. Ça n'est donc qu'à partir de ce moment qu'il pourra ressentir de l'empathie, du respect ou de la honte.

• De 2 à 7 ans, un enfant a une intelligence symbolique très imagée, il cherche une raison à toute chose, d'où les « pourquoi » itératifs. Il rapporte tout à lui-même. Il peut se représenter les choses, les objets, les gens, en leur absence, mais l'enfant applique à l'extérieur son monde intérieur : les objets (Pierre m'a demandé hier si les olives avaient « bobo » quand on les mange), ses rêves (Pierre, qui aime avoir peur, m'a demandé où, dans sa chambre, il pouvait chercher ses cauchemars !) et les éléments comme la terre, l'eau, le feu…

Un enfant a tendance à se responsabiliser intérieurement de ce qui arrive[4]. Si ses parents divorcent, il pense que c'est sa faute, qu'il a fait quelque chose de mal.

• À partir de 7 ans, il va commencer à être capable de raisonner sur du concret et de comparer. La notion du temps est acquise.

• À l'adolescence, le développement des structures cérébrales est fin prêt. On est capable d'abstraction, de symbolisation. On a conscience de ce que l'on ressent[5], on peut l'exprimer aux autres. Il arrive d'ailleurs que l'on ne s'en prive pas, comme si l'on devait rattraper le temps perdu ! C'est souvent à cette période que l'on « explose » lorsque l'on communique ses émotions. Il y a plusieurs facteurs qui peuvent rendre cette période émotionnellement difficile[6] : les modifications hormonales assez brutales qui augmentent l'émotionnalité, le cumul dans l'enfance d'un certain nombre d'expériences émotionnelles, tous les changements (scolaires, amicaux, physiques…) générateurs de stress et le moindre développement à cet âge de l'intelligence émotionnelle (voir p. 126).

➤ *Je traduis mes émotions par des comportements*

L'enfant va longtemps manifester ses émotions au travers de ses comportements. Xavier se souvient d'avoir volé un jouet dans un supermarché à l'âge de 6 ans. À cette époque, son père ne s'intéressait pas à lui. Pour que son père passe un peu de temps avec lui, il fallait que Xavier excelle dans un sport qu'il n'aimait pas. Le vol a été le comportement traduisant sa tristesse, son sentiment d'abandon.

Il est difficile pour un enfant d'apprendre à diriger et à exprimer ce qu'il ressent, l'enfant a tendance à mal diriger sa colère (il tape son frère ou sa sœur, il casse ses jouets). Il a tendance à mélanger ses émotions, à ne pas distinguer la tristesse de la peur. Les adultes sont là pour apprendre aux enfants à exprimer autrement, notamment par des mots, les émotions et les sentiments[7].

➤ *J'apprends à reconnaître et à exprimer mes émotions avec des mots*

Un enfant apprend à reconnaître les émotions[8], d'abord grâce aux expressions « émotionnelles » du visage des personnes qui l'entourent, puis grâce aux réactions qu'elles adoptent par rapport à leurs propres émotions. Il va avoir tendance à imiter les réactions de ses proches.

Il pourra exprimer ses émotions avec des mots si on le lui apprend.

En entendant les mots que son papa, sa maman ou d'autres membres de son entourage emploient[9], il pourra comprendre, que lorsqu'il est en retrait, il se sent « vexé » ou bien que lorsqu'il tape sa sœur, c'est qu'il est en colère. En mettant des mots sur son expérience émotionnelle « je comprends que tu sois en colère » mais en la distinguant du passage à l'acte « par contre, je n'accepte pas que tu tapes ta sœur », le parent fait un travail essentiel[10] car il fait croître l'intelligencence émotionnelle de son enfant en nommant son émotion, il légitime avec bienveillance cette experience et il la sécurise en lui posant des limites.

Il a donc fournit une troisième voie à son enfant qui cessera progressivement d'être violent car il saura qu'il pourra être entendu quand il dira à la place « je suis très en colère ».

Toutefois, il faut savoir que même chez un enfant qui aura appris les mots pour désigner ce qu'il ressent, il y aura toujours un laps de temps entre l'irruption de l'émotion et les mots pour la nommer.

En tant que parents, notre rôle consiste donc à nommer les émotions supposées de nos enfants[11], en insistant sur les émotions positives[12]. Ce sera un atout supplémentaire pour l'enfant car, s'il a appris à déceler les émotions d'autrui et à identifier les émotions positives, il a de plus fortes chances d'avoir un comportement sociable et d'être apprécié par ses camarades[13].

En résumé, parler de ses émotions et les comprendre n'est pas une science infuse.

Parler de ses émotions, c'est comme parler anglais. Si personne n'utilise jamais l'anglais en présence d'un enfant, il ne sera pas en mesure de parler cette langue.

En consultation, j'entends fréquemment des adultes ayant subi des événements traumatiques dans l'enfance se reprocher de ne pas en avoir parlé à leurs parents. Or ils ne pouvaient pas le faire car ils vivaient dans un milieu où personne n'évoquait ses ressentis. Ils ne pouvaient qu'imiter leurs parents. Il leur était impossible de nommer quelque chose qui n'avait pas de nom !

➤ *J'apprends à composer avec les émotions*

Quand j'accompagne mon fils au sport, je remarque que, parmi ses camarades, il y a un petit garçon qui fait souvent la tête, un autre qui fait le pitre et une petite fille qui a l'air triste. Et j'observe que Pierre compose à sa façon avec tout cela, que, quand il est à côté de celui qui fait le pitre, il fait la même chose, que, quand il se fait rejeter par un petit garçon avec qui il veut combattre, il passe à un autre sans avoir l'air particulièrement affecté, ni en colère, et qu'il évite la petite fille triste. Il compose avec les émotions !

Un enfant apprend aussi à moduler leur expression :

- en modifiant sa façon d'agir quand il ressent quelque chose, s'il la perçoit comme inadaptée (s'il pleure trop et qu'il se fait sans arrêt rabrouer par ses parents, il va apprendre à ne plus pleurer) ;
- en se contenant, par exemple si on l'insulte ou si on le provoque ;
- en s'alignant sur les codes de son milieu, de ses parents, de ses camarades, de son environnement culturel[14]. L'aptitude d'un enfant à réguler ses émotions est corrélée avec une bonne adaptation avec ses pairs[15].

Il apprend enfin que sa tristesse, sa colère ou sa peur peuvent être utiles pour obtenir des choses et que ses émotions créent des réactions chez autrui.

En résumé

Dans l'enfance, nos premières émotions se manifestent physiquement, par des comportements et non par des mots.

Un enfant ne pense pas comme un adulte[16]. Sa façon de penser et de comprendre se transforme, évolue[17] notamment avec l'acquisition du langage et l'accumulation des expériences. On lui apprend (ou non) à réguler ses émotions.

Un enfant n'a pas conscience de l'émotion et il n'aura pas de souvenirs de ses émotions[18], en tant que telles, à l'âge adulte. Rappelons-nous cela quand, à l'âge adulte, nous nous pencherons sur notre passé parce que nous souffrons d'un schéma (voir p. 212). Disons-nous bien que, s'il y a souvenir, c'est qu'il y a eu émotion. Seulement, elle ne pouvait pas se manifester de la même manière qu'aujourd'hui.

Cela nous aidera à réémotionner notre passé avec davantage de compassion.

Les autres facteurs

Lorsque l'on pétrit un bloc de terre argileuse (pour faire de la poterie par exemple), il arrive qu'on le torde, qu'on le malmène en le contraignant de façon excessive. Ce faisant, on imprime à la terre des contraintes internes. Cela semble sans conséquence puisque, encore humide, ce bloc est malléable. Il prend la forme qu'on lui donne.

De même, dans l'enfance, on peut subir des traumatismes, nous allons voir lesquels. Cela ne laissera pas de traces flagrantes immédiates. L'enfant est malléable. En revanche, cela va créer des zones de fragilité internes.

Ensuite, pour devenir résistant, le bloc d'argile doit être séché et cuit. Si les conditions sont bonnes, le produit va sortir correctement. En revanche, tout incident de cuisson provoquera des ruptures sur les zones tordues, malmenées ou contraintes lors du façonnage. On parle de la mémoire de l'argile.

De la même manière, à l'âge adulte, en fonction de notre entourage, de notre tempérament, de nos conditions de vie, de nos choix, de notre travail sur nous-même, les anomalies que nous avons subies dans l'enfance pourront s'exprimer ou non sous forme d'un schéma précoce inadapté[19] générerant des émotions excessives. Dans ce cas, nous devons travailler notre peur que l'histoire se répète.

➤ *Quels sont les traumatismes de l'enfance qui peuvent laisser des traces émotionnelles ?*

Le « façonnage » est réalisé dans les premières années par le biais des relations entre les parents et les enfants. Ce sont les parents ou les éducateurs qui doivent veiller à satisfaire les besoins de l'enfant. L'enfant n'est pas en mesure de savoir ce dont il a besoin.

Les traumatismes, au sens large, qu'un enfant peut subir correspondent à la non-satisfaction d'un ou de plusieurs des besoins élémentaires, des besoins LÉGITIMES de tout être humain.

Les grands domaines de besoins ont été établis par Maslow en 1943[20] :

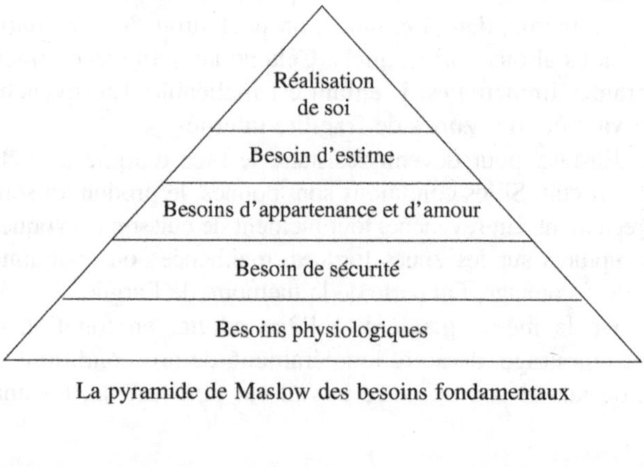

La pyramide de Maslow des besoins fondamentaux

1. ***Les besoins physiologiques*** : les besoins de boire, de manger, de dormir, sont fondamentaux. L'abondance qu'offrent nos pays occidentaux n'est pourtant pas corrélée à une satisfaction adéquate des besoins physiologiques de nos enfants : quand un bébé pleure, comment savoir s'il a faim, soif ou mal quelque part ? C'est dès ce stade que la capacité de se mettre à la place, la capacité d'empathie[21] et la sensibilité des parents sont mises à l'épreuve[22]. Une réponse alimentaire systématique à un besoin affectif peut créer un conditionnement qui mènera l'adulte au grignotage dès qu'il se sentira mal affectivement. Inversement, la répétition d'une réponse affective à un besoin alimentaire n'est pas adaptée. Une maman qui fait un câlin à son bébé chaque fois qu'il hurle de faim risque d'en faire un insatisfait.

2. ***Le besoin de sécurité*** : il n'est pas respecté quand un enfant est agressé verbalement ou physiquement, quand il subit un viol ou un inceste. Les pays en guerre, le terrorisme, les catastrophes naturelles sont des causes externes dramatiques qui peuvent empêcher un enfant d'être sécurisé. Mais des parents souffrant d'alcoolisme ou d'addictions, des parents aléatoirement violents ou affectueux, des parents qui injurient leurs enfants pour un oui ou pour un non généreront de l'insécurité. Quand un enfant est terrorisé par des comportements imprévisibles, violents, auxquels il ne peut rien, il a l'impression de ne pas pouvoir contrôler son existence.

3. ***Le besoin d'être aimé*** : le besoin d'appartenance, d'attachement est un besoin tout aussi primordial pour le développement de l'enfant que la satisfaction de ses besoins physiques. Le bébé (il en est de même chez le bébé singe[23,24]) doit pouvoir avoir confiance dans les personnes chargées de lui procurer cet attachement. L'absence d'affection prodiguée à un tout petit enfant entrave gravement son développement psychomoteur[25]. Il ne peut pas faire les acquisitions normales

de son âge car il n'a pas de sécurité affective, c'est-à-dire qu'il n'a pas en lui, en dehors de la présence des parents, la certitude qu'il est aimé et aimable.

On peut mesurer la sécurité affective ressentie par un enfant dès sa première année, à ses réactions lors du départ de sa mère. La qualité du *style d'attachement*[26] dépend du tempérament de l'enfant et de l'attitude des parents :

- L'attachement est dit *sécure* lorsque l'enfant manifeste une émotion au départ de sa mère, mais qu'il peut ensuite reprendre ses jeux et qu'il ne lui exprime pas d'hostilité lorsqu'elle revient.
- L'attachement est dit *insécure* lorsque l'enfant ne manifeste aucune réaction émotionnelle ni au départ ni au retour, ou lorsqu'il manifeste des réactions émotionnelles de trop longue durée qui ne sont pas apaisées au retour de la mère.

Le type d'attachement *sécure* ou *insécure* va influer sur la personnalité et modeler les relations affectives à venir.

4. Enfin, le ***besoin d'estime*** de la part de ses parents, se manifestant par l'approbation, l'encouragement, la reconnaissance, le respect de l'indépendance et de l'autonomie, est une des bases de sa future propre estime[27]. Il n'est pas assouvi quand l'enfant n'est jamais incité à émettre des opinions différentes, quand on lui assène des goûts, des idées, des opinions, des choix comme des vérités universelles, comme des choses qu'il doit admettre et subir.

5. Le besoin ultime étant celui de *la réalisation de soi.*

Pour déterminer ce qui a pu constituer une anomalie dans notre enfance, considérons, comme le fit Françoise Dolto, que l'enfant est un hôte de marque qui vient d'une contrée très lointaine et qui ne connaît rien à nos coutumes.

– Se battrait-on devant lui ou serions-nous violent avec lui ?
– Oserions-nous nous servir de lui comme d'un nounours quand nous manquons d'affection ?
– Le laisserions-nous se débrouiller seul sans lui dire jamais un mot affectueux, sans lui faire sentir qu'il est le bienvenu ?
– Lui dirions-nous qu'il est un imbécile quand il ne sait pas quelque chose ou quand il ne réussit pas parfaitement quelque chose qu'il fait pour la première fois ?
– Le laisserions-nous se conduire de façon choquante sans lui expliquer nos règles, nos usages ?
– …

L'enfant est une personne (ce qui n'est pas synonyme d'« adulte »).

Et les fois où nous n'avons pas été considéré comme tel mais plutôt comme un petit « animal » à dresser, sans respect, comme un être ne comprenant rien, nous avons subi une négligence affective[28], un traumatisme qui a pu laisser des traces dans notre façon de nous percevoir.

➤ *Comment, craignant que l'histoire se répète, aggravons-nous ces traces ?*

Imaginons qu'enfant mon besoin d'être reconnu n'ait pas été satisfait par mes parents qui s'occupaient bien davantage de mon frère. Mon tempérament prédisposant et ce que j'ai vécu dans l'enfance m'ont amené à en déduire de moi-même : « Je ne vaux rien » (voir page 64 comment un schéma se met en place).

Je souffre aujourd'hui d'un schéma inconscient de manque de reconnaissance[29]. Il se manifeste au travail, avec une de mes collègues dont la hiérarchie semble faire cas, et il se manifeste quand je suis chez une amie qui me fait un repas sommaire pour mon anniversaire alors que je l'ai reçue en mettant les petits plats dans les grands. Dans ces deux situations, je me sens très mal. Mes émotions négatives sont très intenses.

Comment ma façon de réagir peut-elle entretenir cette croyance et ma souffrance ?

Je peux réagir de trois manières :

- agresser ma collègue, la hiérarchie et me mettre en colère contre elles ;
- travailler encore plus, effectuer des heures supplémentaires et recevoir mon amie avec encore plus de décorum ;
- ou bien demander à changer de service et ne plus donner de nouvelles à cette amie[30].

Ces stratégies reviennent malheureusement toutes au même et renforcent mon problème.

- En effet, si je les agresse, ma collègue, la hiérarchie, mon amie vont me rejeter, et je me sentirai encore davantage méconnue.
- Si j'en fais encore plus, elles n'auront aucun indice que je souffre et il ne leur viendra pas à l'esprit de rectifier le tir.
- Enfin, si je tente d'échapper à la situation difficile en ne revoyant plus ces personnes, je me transporte ailleurs, moi et mes stratégies inadaptées. À la moindre occasion similaire, je serai toujours aussi démunie. Vais-je pouvoir indéfiniment changer de poste et d'amies ?

Ces attitudes « défensives » aggravent donc ma peur que l'histoire se répète et elles renforcent ma croyance que je ne vaux rien.

Un adulte qui aura subi dans l'enfance abandon, injustice, manque de reconnaissance, insécurité…, est terrorisé à l'idée de revivre les souffrances rattachées à ces sentiments d'abandon, d'injustice, de manque de reconnaissance, d'insécurité… Il s'organise, dans sa manière d'agir, de façon que cela n'arrive pas.

- Il *contre-attaque*[31], c'est-à-dire qu'il fait subir ce qu'il redoute de subir (il abandonne, il est injuste, il ne reconnaît pas, il insécurise)…
- Il *maintient*[32], c'est-à-dire qu'au travers de ses choix relationnels il revit les mêmes circonstances de l'enfance. Il choisit, malgré lui, des partenaires abandonneurs, injustes, peu reconnaissants, insécurisants…
- Il *évite*, c'est-à-dire qu'il fuit les relations.

La contre-attaque et l'évitement peuvent à très court terme apaiser le mal-être, mais, de toute façon, aucune de ces trois réactions ne nous aidera à remettre en question viscéralement la croyance négative que nous avons sur nous-même. Pire, ces réactions la renforcent. Aucune d'elles ne nous permet d'effectuer des expériences de réalité capables de l'invalider.

Quand la peur de revivre le même scénario est là, au fond de nous, elle s'amplifie avec le temps, et les situations perçues comme menaçantes se multiplient. Plus nous maintenons, plus nous évitons, plus nous contre-attaquons, plus nous nous sentons mal aimé, injustement traité, peu reconnu. Plus nous sentons cela, plus nous souffrons, et plus nous nous comportons de façon hostile, adhésive ou collante, agressive. Nous sommes coincés dans un cercle vicieux.

Le point commun entre ces trois stratégies, c'est l'évitement émotionnel : **On ne fait pas face avec compassion à la douleur que génère ce sentiment douloureux et, ce faisant, on le maintient.**

Pour sortir de ce cercle vicieux, il va falloir reconnaître que l'on a souffert, accepter de faire face momentanément à

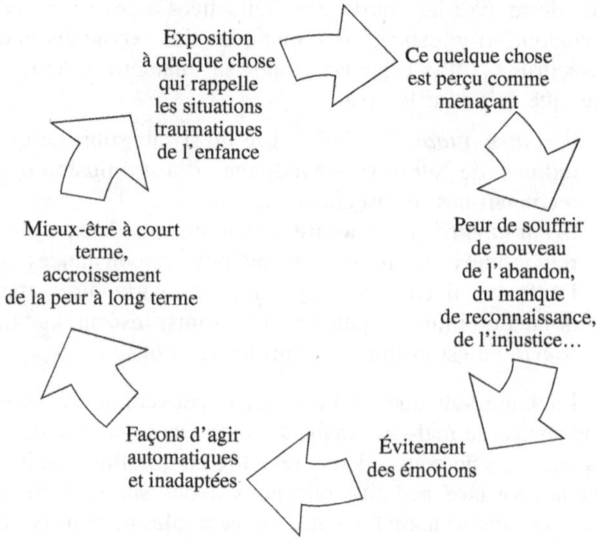

cette souffrance, non pas pour changer les événements que l'on a subis dans le passé, car c'est impossible, mais pour changer les traces émotionnelles qu'ils ont laissées (voir p. 212). Ainsi, on pourra atténuer la peur que l'on a de revivre la même histoire et on pourra trouver de la compassion pour nous-même. En nous aimant davantage, nous nous rendons davantage aimable. Et le présent sera bien plus agréable à vivre[33].

➤ *Quel est votre schéma ?*

Notre schéma est généralement inconscient. La moitié du travail sur soi est effectuée quand on est capable de se dire : « Dans cette circonstance, ce n'est pas la situation qui me fait souffrir mais mon schéma. » Voici un outil [34] pour prendre conscience de votre schéma.

Consigne : vous trouverez ci-dessous un ensemble de propositions qui sont susceptibles de vous décrire. Veuillez lire chacune d'entre elles et indiquer dans quelle mesure elles vous correspondent. En utilisant l'échelle de cotation qui suit, choisissez le score (1 à 6) qui vous décrit le mieux et notez-le dans l'espace prévu à cet effet.

Échelle de cotation :

1. complètement faux
2. faux dans l'ensemble
3. plutôt vrai que faux
4. moyennement vrai
5. vrai dans l'ensemble
6. me décrit parfaitement

1	La plupart du temps, je n'ai jamais eu quelqu'un pour prendre soin de moi, partager avec moi ou prêter attention à ce qu'il m'arrivait.	
2	En général, les gens n'ont pas été là pour me donner chaleur, soutien et affection.	
3	Dans ma vie, je n'ai jamais senti que j'étais spécial(e) pour quelqu'un.	
4	Pour une grande part, je n'ai jamais eu quelqu'un qui m'écoute réellement, me comprenne ou soit sensible à mes vrais besoins et sentiments.	
5	J'ai rarement eu une personne pour me donner des conseils avisés ou me guider quand je n'étais pas sûr(e) de ce que je devais faire.	
6	Je m'accroche aux gens dont je suis proche car j'ai peur qu'ils me quittent.	
7	J'ai tellement besoin des autres que l'idée de les perdre me préoccupe.	

8	L'idée que les gens dont je suis proche puissent me quitter ou m'abandonner me rend anxieux(se).	
9	Quand je sens qu'une personne que j'estime s'éloigne de moi, je deviens désespéré(e).	
10	Parfois, j'ai tellement peur que les autres me quittent que je les rejette.	
11	J'ai l'impression que les autres profitent de moi.	
12	Je pense que je ne dois pas baisser la garde en présence d'autres personnes, sinon elles me blesseraient volontairement.	
13	Être trahi(e) n'est qu'une question de temps.	
14	Je suis soupçonneux(se) à l'égard des motivations des gens.	
15	Je guette souvent les mobiles cachés des gens (raisons secrètes…).	
16	Je ne suis pas dans mon élément.	
17	Je suis fondamentalement différent(e) des autres.	
18	Je suis à part. Je suis un(e) solitaire.	
19	Je me sens en marge des autres.	
20	J'ai toujours l'impression d'être en dehors des groupes.	
21	Aucun homme (femme) que je désire ne peut m'aimer une fois qu'il (elle) a vu mes défauts (imperfections).	
22	Aucune personne que je désire ne voudrait rester proche de moi si elle me connaissait réellement.	
23	Je ne suis pas digne de l'amour, de l'attention et du respect des autres.	
24	J'ai l'impression que je ne peux pas être aimé(e).	
25	Je suis trop inacceptable pour me révéler aux autres.	
26	La plupart des choses que je fais au travail (ou à l'école) ne sont pas aussi bonnes que celles que font les autres.	
27	Je ne suis pas compétent(e) quand il s'agit de réussir.	

28	La plupart des gens sont plus compétents que moi dans le domaine du travail et de la réussite.	
29	Je ne suis pas aussi talentueux(se) au travail que la plupart des gens le sont.	
30	Je ne suis pas aussi intelligent(e) que la plupart des gens quand il s'agit du travail (ou de l'école).	
31	Je ne me sens pas capable de me débrouiller par moi-même dans la vie courante.	
32	Je me considère comme une personne dépendante, au niveau de la vie de tous les jours.	
33	Je manque de bon sens.	
34	Mon jugement n'est pas fiable dans les situations quotidiennes.	
35	Je n'ai pas confiance dans ma capacité à résoudre les problèmes quotidiens qui peuvent survenir.	
36	Il ne me semble pas possible d'échapper au sentiment que quelque chose de mauvais va se produire.	
37	Je sens qu'un désastre (naturel, criminel, financier ou médical) pourrait survenir à tout moment.	
38	J'ai peur d'être agressé(e).	
39	J'ai peur de perdre tout mon argent et d'être déchu(e).	
40	Je m'inquiète d'avoir une maladie grave même si rien n'a été diagnostiqué par un médecin.	
41	Je n'ai pas été capable de me séparer de mes parents comme les autres personnes de mon âge semblent l'avoir fait.	
42	Mes parents et moi avons tendance à être surimpliqués dans la vie et les problèmes de chacun.	
43	Il est vraiment difficile, pour mes parents et moi, de garder les détails de notre vie intime sans nous sentir trahis ou coupables.	
44	J'ai souvent l'impression que mes parents vivent à travers moi, je n'ai pas une existence qui me soit propre.	

45	Je ressens souvent que je n'ai pas une identité distincte de celle de mes parents ou de mon (ma) partenaire.	
46	Je pense que, si je faisais ce que je voulais, j'irais au-devant des ennuis.	
47	Je pense que je n'ai pas d'autres choix que de me soumettre aux désirs des autres, ou, alors, ils me rejetteront ou me le feront payer d'une façon ou d'une autre.	
48	Dans les relations, je laisse les autres avoir la mainmise sur moi.	
49	Je laisse toujours les autres faire des choix pour moi, ainsi, je ne sais pas réellement ce que je veux pour moi-même.	
50	J'ai beaucoup de difficultés à faire respecter mes droits et à faire en sorte que mes sentiments soient pris en compte.	
51	Je suis celui (celle) qui finit habituellement par prendre soin des gens qui lui sont proches.	
52	Je suis une personne « bonne » parce que je pense aux autres plus qu'à moi-même.	
53	Je suis tellement occupé(e) à faire des choses pour les gens dont je me soucie que j'ai peu de temps pour moi.	
54	J'ai toujours été celui (celle) qui écoute les problèmes de tout le monde.	
55	Les gens me voient comme celui (celle) qui en fait trop pour les autres et pas assez pour lui (elle)-même.	
56	Montrer des sentiments positifs m'embarrasse beaucoup.	
57	Je trouve embarrassant d'exprimer mes sentiments aux autres.	
58	Je trouve qu'il est difficile d'être chaleureux(se) et spontané(e).	
59	Je me contrôle tellement que les gens pensent que je suis dépourvu(e) d'émotions.	
60	Les gens me considèrent comme étant « coincé(e) » émotionnellement.	

61	Je dois être le (la) meilleur(e) dans tout ce que je fais, je ne peux pas accepter d'être second(e).	
62	J'essaie de faire de mon mieux. Je ne peux accepter un « assez bien ».	
63	Je dois faire face à toutes mes responsabilités.	
64	J'ai l'impression qu'il y a une pression constante pour que je réussisse et termine les choses.	
65	Je ne me tire pas d'affaire facilement ou ne fais pas d'excuses pour mes erreurs.	
66	J'ai beaucoup de difficultés à accepter qu'on me réponde « non » quand je veux quelque chose des autres.	
67	Je suis particulier(ère) et n'ai donc pas à accepter la plupart des restrictions auxquelles les autres doivent se soumettre.	
68	Je déteste être contraint(e) de faire quelque chose ou d'être empêché(e) de faire ce que je veux.	
69	Je sens que je n'ai pas à suivre les rôles et les conventions normaux comme les autres.	
70	Je pense que ce que j'ai à offrir a une plus grande valeur que les contributions des autres.	
71	Il ne me semble pas possible de me discipliner pour terminer des tâches routinières ou ennuyeuses.	
72	Si je ne peux pas atteindre mon objectif, je deviens facilement frustré(e) et j'abandonne.	
73	J'ai un moment difficile lorsque je dois sacrifier une gratification immédiate pour atteindre un but à plus long terme.	
74	Je ne peux pas me forcer à faire des choses que je n'aime pas, même si je sais que c'est pour mon propre bien.	
75	J'ai rarement été capable de tenir mes résolutions.	

Young schema questionnaire short form YSQ-S1[35]

Résultats[36] :

Seules les réponses 5 ou 6 sont à prendre en compte. Le total obtenu est à diviser par le nombre de questions se rapportant au schéma. Plus la moyenne est élevée, plus le schéma est prégnant.

- Questions n° 1 à 10 : schéma d'abandon, de carence affective.
- n° 11 à 15 : schéma d'injustice.
- n° 16 à 20 : schéma de rejet.
- n° 21 à 25 : schéma d'imperfection.
- n° 26 à 30 : schéma d'échec.
- n° 31 à 35 et n° 41 à 50 : schéma de sujétion.
- n° 36 à 40 : schéma de vulnérabilité.
- n° 51 à 55 : schéma de sacrifice.
- n° 56 à 60 : schéma de phobie des émotions.
- n° 61 à 65 : schéma de performance.
- n° 66 à 70 : droits personnels exagérés.
- n° 71 à 75 : schéma d'absence de contrôle de soi.

Après avoir identifié vos principaux schémas, vous pouvez vous reporter au tableau ci-dessous et retrouver les principales caractéristiques de chacun de ces différents schémas[37].

Tableau descriptif des différents schémas

Différents Schémas	Prédiction intime	Comportements autodestructeurs	Enfance
ABANDON CARENCE AFFECTIVE	Personne ne peut m'aimer.	Comportement collant ou au contraire distant, ou évitement affectif.	– Affection instable ou conditionnelle. – Abandons.

Différents Schémas	**Prédiction intime**	**Comportements autodestructeurs**	**Enfance**
INJUSTICE	Je dois toujours me méfier, on va me faire du mal.	Méfiance permanente. Violence ou choix de partenaires violents.	– Traumatismes. – Maltraitance.
IMPERFECTION	Je suis mauvais(e).	Choix de partenaires dévalorisants ou excessivement admiratifs (et méprisés).	– Dévalorisation. – Absence de compliments. – Rejet.
REJET	Je ne serai jamais accepté(e).	Comportements adhésifs ou rejetants.	– Rejet. – Affection fluctuante. – Moqueries.
SUJÉTION	Seul(e), je ne vaux rien, je ne suis capable de rien.	Absence d'initiatives, de décisions ou vie en autarcie.	– Surprotection : on fait à la place de l'enfant. – Ou enfants laissés se débrouiller seuls.
VULNÉRABILITÉ	Il va arriver quelque chose de grave (maladie, catastrophe …).	Comportement excessivement craintif. Évitements.	Parents excessivement anxieux.
ÉCHEC	Je n'y arriverai pas.	De sabotage.	– Dévalorisation itérative. – Parents « parfaits ».

Différents Schémas	**Prédiction intime**	**Comportements autodestructeurs**	**Enfance**
DROITS PERSONNELS EXAGÉRÉS	Je mérite plus que les autres, tout m'est dû.	Comportements égoïstes ou égocentriques.	– Dévalorisation. – Absence de limites.
ABSENCE DE CONTRÔLE DE SOI		Comportements attentistes, intolérance à la frustration.	– Absence de limites. – Indifférence.
SACRIFICE	Je dois me sacrifier.	Faire passer les autres avant soi et attendre un retour.	– Parents sacrificiels. – Inégalité de traitement par rapport à la fratrie. – Événements de vie difficiles.
PHOBIE DES ÉMOTIONS	Je dois être rationnel.	Évitements des émotions. Comportements avec autrui froids et distants.	– Parents qui surcontrôlaient leurs émotions. – Valorisation familiale exclusive de l'intellect. – Moqueries quand expression émotionnelle de l'enfant.
PERFORMANCE	Si je ne suis pas parfait(e), je suis nul(le).	Autocritiques fréquentes, exigences élevées envers autrui.	– Culte de la performance. – L'enfant devait faire parfaitement ce qu'il faisait pour la 1re fois.

CHAPITRE 7

Mettre en place des stratégies pour mieux vivre nos émotions négatives

On y est !

On a tout compris.

Maintenant, pour se sentir mieux. On veut savoir comment faire.

Pour aller mieux, pour sortir de la tristesse, de la colère et de la peur, il va falloir identifier le problème qu'elles révèlent, d'abord se débarrasser de nos préjugés sur les émotions puis les choyer, les exprimer…

Pour circonscrire le problème, la première étape consiste à augmenter la prise de conscience de nos émotions négatives :

- Le signal est donné par une agitation du corps : nous allons devoir augmenter l'écoute de notre corps (voir p. 192).
- L'émotion se manifeste par une agitation des pensées : nous allons devoir prêter attention à nos pensées (voir p. 184).

Puis nous allons analyser la situation.

• Soit nous avons le sentiment que nous pouvons agir sur la situation à l'origine de notre émotion, dans ce cas, nous utiliserons *des stratégies pour faire face centrées sur le problème* en :

▪ recherchant des informations sur le problème, la situation ;

▪ envisageant des solutions ;

▪ apprenant à faire valoir nos droits, nos souhaits, notre désaccord sans être agressif (voir p. 228) ;

▪ agissant.

• Soit nous avons la sensation que nous ne sommes pas en mesure d'agir sur le problème à l'origine de notre tristesse, de notre colère ou de notre peur, et nous utiliserons les *stratégies pour faire face centrées sur l'émotion.*

▪ Si nous n'avons pas la possibilité de nous isoler, nous pouvons, en instantané, remettre en question nos pensées, nous souvenir des lois émotionnelles apaisantes énumérées dans ce livre[1] (les émotions ne durent pas, elles sont normales…), cultiver l'humour ou la distanciation, ou nous centrer sur notre respiration.

▪ Quand nous pourrons être seul, nous aurons intérêt à aller plus loin dans les stratégies en pratiquant :

- la relaxation pour apaiser les sensations physiques,
- l'exposition à la tristesse et aux émotions (voir p. 202),
- l'autoreparentage (voir p. 212),
- la pleine conscience (voir p. 199).

▪ Dans tous les cas, nous aurons intérêt à communiquer ce que nous ressentons pour augmenter nos chances d'obtenir un soutien chaleureux et empathique (voir p. 226). Cela nous amènera aussi du mieux-être.

Faire face à nos émotions est une tâche quotidienne. Le travail sur nos émotions ne s'achèvera qu'avec nous.

Cela peut sembler décourageant.

Oui, mais s'occuper régulièrement de soi avec compassion augmentera chaque jour notre bien-être et notre intelligence émotionnelle. Alors cela en vaut la peine.

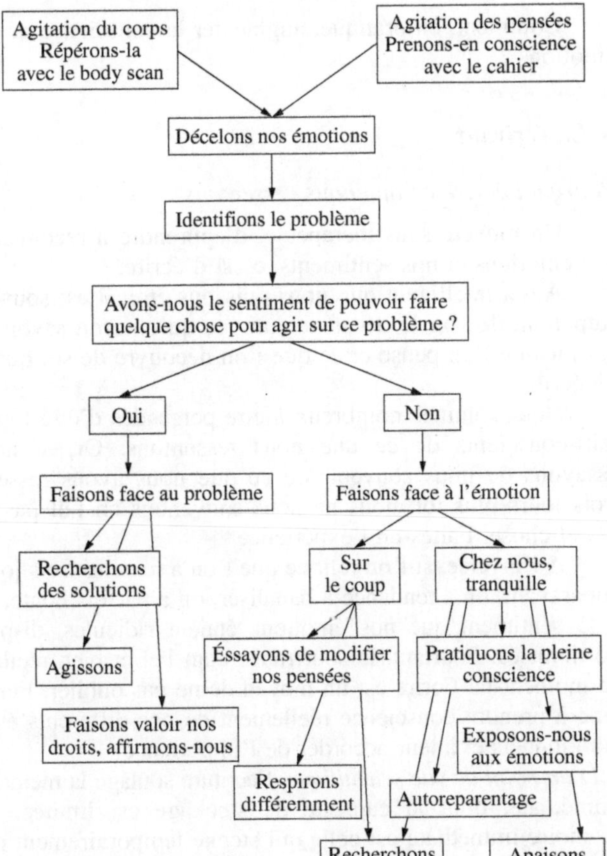

Étape 1 : Déceler ses émotions

Comment, en pratique, augmenter la conscience de ses émotions ?

➤ *En écrivant*

Pourquoi écrire ce que nous ressentons

Un moyen, sans thérapeute, d'apprendre à reconnaître nos émotions et nos sentiments, c'est d'écrire.

Aussi intelligent que nous puissons être, il est souvent stupéfiant de voir le décalage entre ce qu'on croit savoir de soi lorsque l'on pense et ce que l'on découvre de soi quand on écrit.

Nous sommes nombreux à être persuadés d'être tout à fait conscients de ce que nous ressentons. Or, si nous essayons de nous souvenir de ce que nous avons ressenti trois jours plus tôt, nous ne nous souvenons en fait pas de grand-chose. Faites-en l'expérience.

À l'inverse, si l'on relit ce que l'on a ressenti trois jours auparavant, on a tendance à banaliser, on a parfois honte, on a le sentiment que nos émotions étaient ridicules, disproportionnées. Pourtant, la souffrance était bel et bien réelle à ce moment-là. Écrire est un moyen de ne pas oublier. Écrire aide à prendre conscience réellement de nos différents états émotionnels et à leur accorder de l'importance.

• *D'un point de vue scientifique*, l'écriture soulage la mémoire immédiate, dont la capacité de stockage est limitée. La mémoire immédiate est celle qui stocke temporairement des données du présent. Elle ne peut pas stocker plus de sept données différentes non reliées entre elles[2].

Lorsque nous ne faisons que penser, nous restons dans cette mémoire, les pensées passent et repassent. Nous avons tendance à ruminer les mêmes choses. Lorsque nous avons du mal à nous endormir, par exemple, nous ressassons plusieurs heures les mêmes pensées sans autre bénéfice que de la fatigue le lendemain matin.

- Écrire ce que l'on ressent « expose » aux émotions. Nous n'en fuyons plus l'expérience puisque écrire permet de les reressentir. En écrivant, on apprend à s'y habituer, et, ce faisant, on va doucement atténuer la peur que l'on en a.
- Une étude scientifique intéressante pratiquée chez des personnes travaillant dans des services sociaux a montré que les personnes écrivant trois jours de suite 15 à 20 minutes par jour dans leur journal en notant leurs réactions de stress et leurs émotions présentaient un niveau de détresse significativement moins élevé et une satisfaction professionnelle significativement augmentée par rapport aux personnes qui ne le faisaient pas[3]. Si écrire nous permet de nous sentir mieux au travail, c'est le pied !
- Raconter par écrit les « événements émotionnels » est bon pour notre santé[4] physique[5 et 6]. Ce n'est donc pas confortable à court terme, cela nous remet dans l'état émotionnel négatif (coût émotionnel immédiat), mais c'est une stratégie bénéfique à long terme,

• *D'un point de vue affectif,* l'écriture, c'est un petit peu de temps pour soi chaque jour. C'est de l'intérêt que l'on s'accorde. C'est le début de la compassion pour soi.

Serions-nous capable, auprès d'un petit enfant que nous aimons bien, de passer des jours entiers sans nous préoccuper de lui ?

Pourrions-nous avoir la désinvolture de ne jamais nous soucier de savoir comment il se sent, comment il va ?

Que pensons-nous qu'il ressentirait si nous ne nous intéressions pas quotidiennement à lui ?

Ce qu'on serait incapable de faire subir à un enfant, nous sommes souvent les premiers à nous le faire subir.

Nous sommes capable de ne pas nous intéresser à nous, à ce qui nous est arrivé, à ce que nous avons ressenti, et ce, pendant des semaines. Nous sommes capable d'être à ce point méchant avec nous-même. Nous nous en prenons aux autres, en leur en voulant de ne pas nous écouter, mais nous-même, nous ne satisfaisons pas ce besoin fondamental.

Écrire, c'est commencer à croire qu'on vaut la peine, qu'on est important. C'est le début de la reconquête de soi.

Comment écrire ?

LA CONSIGNE

La consigne globale est la suivante : faire le point chaque soir sur les moments négatifs de la journée.

Intéressez-vous uniquement aux émotions négatives, dans un premier temps, car ce sont elles qui posent le plus de problèmes.

Faites des photographies des moments où vous avez ressenti des émotions négatives sans juger les circonstances dans lesquelles elles sont apparues.

Notez en détail où vous étiez, ce que vous faisiez au moment où vous avez ressenti un mal-être. Détaillez ce que vous avez ressenti (sensations physiques, émotions, sentiments) et ce que vous vous êtes dit.

L'utilisation des trois colonnes Situation, Ressentis, Pensées automatiques facilite ce travail.

Situation	Ressentis	Pensées automatiques
22 juin, je téléphone à ma sœur qui n'est pas disponible.	Vexée. Sentiment de rejet. Boule au ventre. Souffrance à 5/10.	Je suis toujours la dernière roue du carrosse.

Plus vous spécifiez, plus vous entrez dans les détails, mieux, c'est[7]. Sinon, vous risquez de retomber dans l'évitement émotionnel.

Ne faites pas de tri dans ce que vous notez, ne censurez pas ce qui est quotidien, ce qui paraît anodin ou répétitif car ce sont, au contraire, ces données-là qui sont les plus informatives.

ESSAYER DE QUALIFIER L'ÉMOTION

Vous pouvez utiliser le tableau page 18 pour vous aider à nommer votre émotion. Une tristesse peut être appelée coup de blues, affliction. Une colère peut ne s'exprimer que sous la forme d'un agacement. La peur peut être une angoisse, ou simplement une appréhension, ou à l'inverse une terreur. Cherchez les mots qui sonnent le plus juste.

Au fur et à mesure que vous avancez dans votre cahier, vous allez vous rendre compte que, contrairement à ce que vous croyez peut-être, vous n'êtes pas *toujours* triste ou anxieux. Vous allez vérifier empiriquement que vos émotions fluctuent beaucoup.

NOTER AUSSI LES SENSATIONS PHYSIQUES DÉSAGRÉABLES

Comme nous l'avons vu, parfois nos émotions n'arrivent pas à notre conscience. Certains de nos maux physiques sont à considérer comme des équivalents d'émotions[8].

Tous les maux physiques ne sont pas psychosomatiques. Mettre l'étiquette « psychosomatique » sur des maux physiques est, dans notre jargon médical, un *diagnostic d'élimination*, c'est-à-dire un diagnostic que l'on peut porter quand on a réellement écarté les autres possibilités.

Mais il est aussi indéniable que le psychisme joue un rôle sur la douleur. Et, parfois, nos émotions ne se traduisent que par des symptômes physiques.

Valérie a traversé une mauvaise passe. Elle avait des relations extrêmement difficiles avec son supérieur hiérarchique. Elle se levait le matin avec un mal de ventre terrible. Pourtant, elle n'avait pas conscience qu'elle était anxieuse le matin. Elle a consulté plusieurs fois son médecin généraliste qui envisageait de lui faire passer une coloscopie. Après avoir commencé son cahier, elle a constaté que ses douleurs étaient épisodiques, qu'elles ne survenaient que les jours où elle travaillait. Elle a pris conscience qu'elle avait peur d'affronter sa hiérarchie. Cette prise de conscience l'a aidée à chercher des stratégies pour faire face.

Pour accroître la conscience de vos sensations physiques émotionnelles, reportez-vous page 192.

GRADUER LA SOUFFRANCE

Chiffrer de façon subjective (par exemple sur 10) l'intensité de ce que l'on ressent permet de nuancer sa perception émotionnelle et de ne plus être binaire. Graduer ce que l'on ressent permet aussi d'établir des priorités. Quelle émotion est la plus représentée ? Quel est le sentiment douloureux qui entraîne le plus de souffrance ? Enfin, cela facilite le suivi de ses progrès. L'indicateur devient dimensionnel : « Je souffre ou je ne souffre pas » devient : « Je souffre beaucoup, je souffre moins. » Graduer ce que l'on ressent augmente le sentiment d'efficacité personnelle perçue. Or se sentir efficace donne des émotions positives. C'est tout « bénef ».

APPRENDRE À NOMMER LES SENTIMENTS

Insidieusement, avec le cahier, votre connaissance de vous-même s'affine. Vous parvenez à être en mesure de faire attention aux sentiments qui se cachent derrière le signal émotionnel.

Avec la liste suivante, vous pouvez essayer de compléter la colonne des ressentis en étant attentif au sentiment qui se rapproche le plus de ce que vous avez éprouvé.

Sentiment d'être abandonné(e).
Sentiment de culpabilité.
Sentiment de ne pas être reconnu(e).
Sentiment de ne pas être aimé(e).
Sentiment de ne pas être respecté(e).
Sentiment d'humiliation.
Sentiment d'être trahi(e), d'être abusé(e).
Sentiment d'être dépendant(e).
Sentiment de n'être pas à la hauteur.
Sentiment de ne pas être important.
Sentiment d'être en danger.
Sentiment de ne pas être en sécurité.
Sentiment d'être laissé(e) pour compte.
Sentiment de ne pas être compris(e), entendu(e)…

Après quelque temps, vous pouvez découvrir qu'un de ces sentiments se répète et que, quand vous l'évoquez, cela vous touche, vous émeut. Dans ce cas, vous êtes sans doute en train de mettre le doigt sur votre schéma précoce (p. 165), qui provient d'un conditionnement émotionnel (p. 64). Pour travailler les émotions négatives qu'il génère, reportez-vous page 212.

DISTINGUER LES ÉMOTIONS EXCESSIVES DES ÉMOTIONS ADAPTÉES

Les émotions adaptées sont celles dont on doit tirer un enseignement. Ce sont elles qui nous poussent à agir, à adopter des stratégies « protectrices ». Les émotions excessives témoignent de l'activation de notre schéma, sont souvent décalées par rapport à la situation et sont plutôt mauvaises conseillères.

Pour les reconnaître, relisez votre cahier et posez-vous la question suivante : « Mon émotion me paraît-elle adaptée dans cette situation ou disproportionnée ? »

La plupart du temps, vous êtes capable de sentir ce décalage entre la situation et votre émotion.

Si, malgré tout, vous avez des doutes, sachez que :

- Les émotions très intenses correspondent souvent à des réactivations du schéma.
- Si, en même temps que l'émotion négative que vous ressentez, vous vous dites quelque chose comme « on ne fait **jamais** attention à moi », « **les autres** sont des égoïstes », « **le monde** est injuste », « **chaque fois que** ceci, il se passe cela », « il y a **toujours** quelqu'un qui me pique ma place… », autrement dit toute forme de généralisation, de règle, trahit fréquemment des émotions liées à notre schéma.
- Si vous imaginez que quelqu'un que vous aimez bien, dans la même situation, ressentirait la même chose, l'émotion est probablement une émotion légitime, adaptée.
- Si vous êtes **envahi par l'émotion présente**, et que, en fermant les yeux, vous pensez au passé et qu'un ou des souvenirs surgissent, l'émotion provient probablement davantage du passé que du présent. C'est une émotion provenant du schéma. Effectuer cette « manœuvre » consiste à faire un *lien émotionnel* ou un *pont d'affect* et sera utile (voir p. 214).

C'est ce que faisait David chaque fois qu'il ressentait une émotion négative en présence de son amie. Il fermait les yeux. Si l'image de sa mère lui revenait et avec elle le souvenir d'un envahissement, cela l'aidait à ne pas être agressif ou fuyant avec son amie. Quand aucun souvenir ne venait, il s'autorisait à dire à son amie ce qu'il ressentait.

– Si l'émotion est non pas légitime, rattachée à la situation présente, mais excessive et rattachée au passé, on peut pratiquer l'autoreparentage (voir p. 212).

DÉCELER LES ÉMOTIONS SECONDAIRES

Soyez attentif à vos émotions concernant vos émotions.

• Par exemple, Laurent a noté sur son cahier qu'il a ressenti une colère à 5 sur 10 quand son père lui a annoncé au téléphone que sa nouvelle amie allait venir s'installer chez lui. Il a aussi noté qu'il se **sentait coupable d'éprouver de la colère** : « Je ne devrais pas éprouver de la colère, Papa a le droit de refaire sa vie, Maman est morte depuis quatre ans. »
• Virginie a noté dans son cahier une tristesse à 8 sur 10 quand elle a appris qu'on n'avait pas retenu sa candidature pour un poste qu'elle convoitait. Elle a craint de sombrer dans la dépression. Elle a eu **peur de sa tristesse.**

Si vous décelez des émotions secondaires, repensez à la légitimité des émotions, à leur utilité, à leur caractère éphémère si on les accepte avec compassion, et à leur caractère durable et pénalisant si on en évite l'expérience.

Vous pouvez essayer ensuite de vous y exposer doucement (p. 202).

En conclusion

Écrire est un moyen extrêmement utile pour mieux se connaître et pour devenir plus émotionnellement intelligent.

Écrire permet de s'aimer davantage en veillant soi-même à la satisfaction de son besoin fondamental d'être écouté.

Écrire permet de se regarder différemment, de prendre davantage conscience de soi, de ce qui est bon ou mauvais pour soi.

Écrire ses émotions négatives permet de définir les zones de sa vie, dans lesquelles les ajustements réalisés ne sont pas adaptés. Cela pousse à effectuer des changements intérieurs ou extérieurs.

➤ *En écoutant son corps*[9]

Pourquoi pratiquer le scanner du corps ?

Cette « technique » du scanner du corps est utile car elle va nous permettre d'apprendre à percevoir des sensations physiques « émotionnelles » dont nous n'avions pas conscience. Sa pratique augmentera donc notre intelligence émotionnelle. Elle permet aussi de diriger l'attention sur autre chose que sur la situation ou les pensées à l'origine de notre tristesse, de notre colère ou de notre peur. Elle atténue la focalisation cognitive et l'intensité émotionnelle. Avec l'entraînement, et à long terme, donc elle calme.

Elle nous familiarise avec ce qui se passe dans notre corps, donc elle favorise l'*habituation* aux signaux internes[10], et c'est un travail particulièrement utile chez les personnes souffrant d'un trouble panique.

C'est une façon de se donner de l'attention, du temps, et un moyen d'augmenter la compassion pour soi.

Comment pratiquer le scanner du corps en body scan ?

Lorsque l'on passe un scanner « médical », on est allongé, on nous fait avancer doucement. Dans une cabine, le radiologue peut ainsi observer lentement, de la tête au pied, les structures de notre corps.

Pour pratiquer vous-même votre scanner du corps « psychologique » :

– installez-vous confortablement bien assis ou allongé ;
– fermez les yeux ;
– et faites comme le radiologue : fixez votre attention **très doucement** d'abord sur votre respiration, puis sur chacune des parties de votre corps, de la tête au pied. Vous pouvez suivre dans l'ordre, par exemple, la respiration, les sensations dans la tête et sur le visage, au niveau de la nuque, des épaules, des bras, des mains, de la colonne vertébrale, du bassin, des fesses, des cuisses, des jambes, des pieds. Vous pouvez aussi diriger votre attention vers le cœur, les poumons, les reins, le foie…

Certaines zones seront plus perceptibles que d'autres. Vous allez percevoir tout de suite que vos épaules sont lourdes, que vous avez mal au dos, que vous avez une boule dans le ventre ou dans la gorge. Alors qu'il sera plus difficile d'avoir une perception de certaines zones du corps, d'établir un contact, notamment avec les organes internes.

En faisant cela, il se peut que des émotions arrivent. En effet, certaines de vos émotions « restent » dans le corps, l'étiquetage nécessitant de l'attention et du temps.

Margot fut surprise un jour où elle essaya d'écouter son corps. Elle s'allongea, pensant avoir passé une journée sans embûche, sans émotion. Elle ferma les yeux. Elle sentit une boule dans le ventre. Elle garda son attention dessus et se mit doucement à pleurer. C'est alors qu'elle repensa à la remarque négative que lui avait faite son ami sur son travail et à la manière dont elle s'était sentie jugée, inférieure. C'est après le scanner du corps qu'elle a pris conscience de son émotion et de la situation qui en avait été à l'origine.

Grâce à une pratique régulière, idéalement quotidienne, vous allez faire des progrès dans la finesse de vos perceptions physiques et donc, ultérieurement, dans la finesse de vos perceptions émotionnelles. Vous serez petit à petit capable de reconnaître des sensations de plus en plus fines (et donc de déceler des émotions passant jusque-là inaperçues).

Comment, maintenant que nous identifions mieux nos émotions négatives, pouvons-nous apprendre à aller dans leur sens ?

Étape 2
Se choyer et apprendre à accepter ses émotions négatives

Nos émotions nous incitent à prendre soin de nous.

Apprendre à être bon pour nous-même[11], à veiller sur nous, à nous protéger, à nous détendre, à pleurer sur nous-même et à nous consoler ne fera pas de nous des égoïstes. Au contraire, si nous sommes bien avec nous-même[12], nous aiderons mieux les autres. En nous offrant de la gentillesse[13], de l'attention, nous en attendrons moins des autres, nous serons moins frustré, plus serein.

Afin de suivre vos progrès, vous pouvez estimer, aujourd'hui, à combien vous vous sentez bon pour vous-même (sur 100), à quel point vous pensez avoir de la compassion pour vous :

0 10 20 30 40 50 60 60 70 80 90 100

Refaites cette estimation régulièrement, au fur et à mesure que vous travaillez sur vous.

➤ *Prendre soin de soi physiquement*

En percevant mieux ce qui se passe dans notre corps, nous allons mieux reconnaître nos besoins physiques ou affectifs. En satisfaisant davantage et avec amour pour soi nos besoins physiques, nous allons nous sentir mieux émotionnellement.

Prendre soin de son corps,

- c'est le laver avec douceur, en utilisant des produits que l'on aime, c'est s'oindre d'une crème qui sent bon, tout doucement, parce que, en étant attentif à nos sensations corporelles, on a senti le besoin de sa peau sèche d'être hydratée ;
- c'est faire attention à ce que l'on mange. Je ne parle pas de se contraindre, ni de se surveiller pour atteindre le poids idéal qu'on a dans la tête. Juste faire attention à ses envies, en fermant les yeux, en respirant, et en se demandant ce que l'on aimerait manger. Si, en fermant les yeux, nous visualisons du Nutella, mangeons-le avec plaisir. Ne nous forçons pas à manger une salade dont nous n'avons pas envie. C'est la salade qui nous fera grossir. En dégustant notre Nutella, soyons attentif à nos sensations de plaisir. Quand nous rentrons du travail, pensons à ce qui nous ferait envie à nous, et non aux restes à terminer dans le frigo, et non à ce qui ferait plaisir à nos proches. Qui prendra soin de nous si nous ne le faisons pas nous-même ?
- c'est choisir nos vêtements le matin avec soin en cherchant quelle couleur, quel style nous feraient plaisir. Non pour plaire aux autres mais pour se plaire à soi ;

– prendre soin de soi, physiquement, c'est aussi sentir vivre son corps en faisant du sport[14] par exemple.

J'ai personnellement longtemps détesté le sport car je me disais : « Il faut que tu en fasses. » Je me suis forcée à plusieurs reprises mais sans plaisir, uniquement avec la volonté. Il y a quelque temps, j'ai réalisé que je voulais faire du sport avec ma tête. En faisant attention à mes sensations physiques, je me suis aperçue que j'avais besoin d'air, que je me sentais un peu molle, sans tonus. Je suis allée courir. J'ai couru 200 mètres et j'étais essoufflée. Je me suis arrêtée. Je ne me suis pas contrainte. Je me suis adressé des félicitations d'avoir initié l'action. J'ai eu envie de continuer. Maintenant, je suis capable de courir 4 kilomètres sans m'arrêter (ce qui n'est pas beaucoup en soi). Les jours où je suis essoufflée au bout de 2, je m'adresse quand même des félicitations car j'aurais aussi bien pu rester chez moi et fumer. Sur mes émotions, je sens le bénéfice de façon quasi immédiate. Ce matin, j'étais morose. Je suis allée courir, à mon rythme. Je suis revenue avec le sourire.

Les vertus du sport sont connues surtout en ce qui concerne la santé physique. Le sport a aussi un impact sur l'humeur[15].

En résumé

Plus nous mettrons de l'affection pour nous-même dans le rapport à notre corps, dans chacun des gestes de la vie quotidienne, plus nous sentirons nos besoins, et plus nous veillerons à les satisfaire. Mieux nous nous sentirons.

➤ *Apprendre à respirer et à vivre dans l'instant*

La respiration[16]

Pourquoi choyer sa respiration ?

- Pour sentir davantage de sécurité intérieure. En effet, si nous sommes en train de vivre une émotion négative, nous concentrer sur la respiration diminuera nos sensations physiques émotionnelles et nous éloignera temporairement de nos ruminations.
- Pour diminuer notre fréquence cardiaque et respiratoire en cas d'émotions intenses.
- Pour apaiser notre corps de façon que les émotions négatives se déclenchent moins facilement. Nous centrer sur notre respiration est alors une façon de faire de la prévention en diminuant notre porosité physique aux émotions négatives (voir p. 31). Nous avons vu que, lorsque des petits stress se cumulaient, un événement minime pouvait déclencher une réaction émotionnelle (voir p. 55). En nous centrant régulièrement sur la respiration, nous remettons les compteurs à zéro. Et nous diminuons l'impact potentiel de certains événements.

Comment travailler sur notre respiration ?

• Idéalement, fermez les yeux. Concentrez-vous sur l'air qui rentre et qui sort, essayez de sentir votre diaphragme se soulever, l'air qui circule dans vos poumons, dans votre ventre… et ce pendant plusieurs minutes. Dans les premiers moments d'attention, cette observation interrompt le cours automatique de la respiration. Vous ne savez parfois plus comment respirer. Essayez de retrouver votre respiration normale, en veillant à ce qu'elle vous demande le moins d'effort possible. Progressivement, elle va reprendre son cours habituel. Assistez à cela comme si vous observiez le va-et-vient des vagues au bord de la mer. Vous pouvez y associer des images agréables, comme une bulle protectrice qui se formerait autour de vous chaque fois que vous inspirez.

Cet exercice demande de l'entraînement « à froid », quand vous ne ressentez pas trop d'émotions négatives. Cet entraînement vous sera d'une grande utilité quand vos émotions seront intenses, car il vous sera alors plus compliqué de maintenir votre concentration sur votre respiration. Parasité par davantage de pensées émotionnelles, il vous faudra rediriger fréquemment votre attention sur votre respiration.

Cette pratique n'est pas immédiatement salutaire : les premières fois que j'ai essayé, je me souviens que je trépignais. J'avais l'impression de ne pas y arriver. J'étais agacée et j'avais hâte que cela se termine.

Je **voulais** être rapidement détendue. Or vouloir quelque chose, c'est se mettre la pression. Se mettre la pression génère un stress. Et le stress accélère la respiration !

• En cas d'émotions négatives intenses, notamment de peur, de trac en public, de crise d'angoisse, il existe une technique spécifique pour diminuer significativement la fréquence respiratoire et cardiaque. C'est une respiration **rapide** en quatre temps égaux comprenant :

- un temps d'inspiration en prenant très peu d'air par le nez, pas plus bruyamment que dans la vie courante et en comptant jusqu'à deux ;
- un temps de blocage, dans lequel il ne faut ni inspirer ni expirer, sur deux temps également ;
- un temps d'expiration, sur deux temps ;
- puis de nouveau un temps de blocage, toujours sur deux.

L'enchaînement des temps est assez rapide (chaque temps dure souvent moins d'une seconde). Vous allez le sentir par vous-même. Soyez attentif à la façon dont vous vous

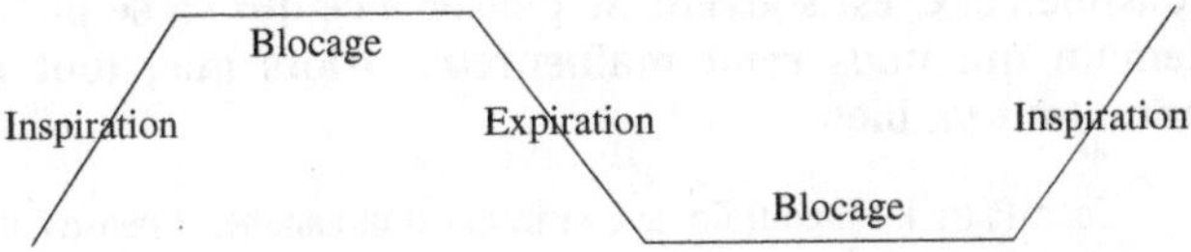

sentez après 30 secondes de pratique. Si vous manquez d'air, allez plus vite. Si, au contraire, votre tête tourne, ralentissez.

Une fois que vous maîtrisez bien l'enchaînement de ces quatre temps (au bout d'une semaine, si vous avez pu vous entraîner deux fois par jour), vous pouvez perfectionner la technique en y ajoutant des mouvements du ventre. Gonflez l'abdomen au moment de l'inspiration, sans prendre plus d'air, et rentrez-le au moment de l'expiration. Ne le faites pas avant d'avoir trouvé un rythme respiratoire qui vous convienne, vous vous emmêleriez les pinceaux.

Pratiquez cette respiration chaque jour pendant deux minutes. Pour vérifier qu'elle est efficace, vous pouvez prendre votre pouls avant et après l'avoir pratiquée. Avec l'entraînement (on dit qu'il faut la faire cent fois pour bien la faire), vous allez constater que votre pouls diminue, ce qui veut dire que vous êtes capable de faire diminuer les battements de votre cœur. Trop fort !

Ensuite, dès que vous sentirez les prémices d'une peur ou quand vous sentirez monter en vous une colère incontrôlable, n'hésitez pas à vous en servir.

S'ancrer dans l'instant :
s'entraîner à la pleine conscience

La pratique de la pleine conscience est une façon de rester dans le présent, donc de moins souffrir de nos pensées négatives, de nos anticipations anxieuses, de doutes sur nous-même. **C'est souvent de penser à ce qui va se passer demain qui nous rend malheureux. Alors que, tout de suite, tout va bien.**

> Jean-Patrick est en train de courir. C'est dimanche. Il pense à une décision difficile à prendre pour son travail, une décision qui le stresse, qui l'angoisse. Or il court avec son ami Philippe, il y a des oiseaux qui chantent, il y a encore de la neige sur les talus, et il a bien trouvé son souffle. Il n'est pas dans l'instant mais dans ses pensées. Ces minutes lui ont échappé à jamais.

Pratiquer la pleine conscience est aussi une façon d'accepter les émotions, d'y faire face, de s'y exposer et donc à long terme de moins en souffrir.

Cette pratique peut être plus poussée, éventuellement s'inscrire dans un cadre spirituel[16], et comprendre la pratique régulière de la méditation[17].

La pleine conscience s'utilise en prévention des problèmes de douleurs chroniques (souvent accompagnées d'une composante émotionnelle), des problèmes d'anxiété, de rechute dépressive, de troubles des conduites alimentaires et de certains problèmes psychosomatiques. Son efficacité a été documentée par des études scientifiques[18].

Pratiquer la pleine conscience consiste à porter son attention, sans jugement, sur l'expérience du moment[19]. On n'est ni dans le passé ni dans la projection, mais dans le moment qui passe.

Comment prendre ancrage dans le présent ?

• Dans la vie quotidienne, il faut essayer de s'entraîner à être attentif aux données sensorielles de l'instant. Essayer de sentir le sol sous ses pieds quand on marche, essayer de sentir l'air sur son visage, essayer de contempler attentivement le navet que l'on épluche, essayer de sentir le contact de la chaise sous ses fesses… La pratique régulière du scanner du corps nous y a préparé en nous amenant à mieux sentir notre corps. Cependant, soyons franc, on arrive difficilement à vivre en pleine conscience. En ce qui me concerne, je repère un nombre incalculable de fois où je ne suis pas dans le moment. Je parviens, au moins, à être davantage consciente des moments où je ne suis pas dans l'instant. Et ça apporte quoi ? Ça apporte que, la fois suivante, j'y suis un tout petit peu plus attentive.

Quand j'y parviens, j'ai des petites joies. L'autre jour, je me rendais à mon cabinet. Je commençais à penser à mes consultations, aux papiers que j'avais à remplir. Je me suis dit « stop ». J'ai essayé de regarder, d'écouter, de sentir, de respirer. Et j'ai entendu une mouette ! À Toulouse ! J'étais très fière de n'être pas passée à côté de cet événement.

• En cas d'émotions négatives, de la même manière, il faut s'ancrer dans l'instant, y faire face. Essayons d'être attentif à cette tristesse, à cette colère ou à cette peur qui nous affectent. Essayons de ne pas émettre de jugement négatif. Ne critiquons pas l'état dans lequel cela nous met. Regardons ces pensées douloureuses qui nous passent par la tête (voir p. 202).

La pleine conscience nécessite de la persistance et un entraînement régulier, en essayant d'être dans ce paradoxe qui consiste à vouloir sans vouloir : ne pas trop vouloir sur l'instant que les choses changent, tout en voulant accroître notre bien-être à long terme.

La pleine conscience, en tant que « philosophie », est une façon de réaliser que tout ce qu'il y a autour de nous est « impermanent », de prendre conscience que tout est destiné à disparaître, que rien n'est jamais identique[20]. Nous, nos proches, les arbres, nous ne serons plus les mêmes dans cinq minutes, nous ne sommes plus les mêmes qu'il y a dix ans. Réfléchir à cela fait souffrir, mais cette souffrance peut aussi donner de la valeur à l'instant.

Vivre dans l'instant augmente la quantité d'émotions positives car on devient plus attentif aux petites choses.

En résumé

La respiration est un haut lieu émotionnel (voir p. 31). Elle mérite à ce titre que nous y fassions attention et que nous la régulions quand elle s'emballe. Cela participera à la diminution de nos émotions négatives.

Faire face, en pleine conscience, c'est-à-dire sans jugement, à ce qui se passe en nous, à notre respiration, à nos sensations physiques, à nos pensées, à nos émotions négatives de l'instant est une façon de s'exposer aux émotions, de diminuer la peur que l'on en a et, à long terme, un moyen de remédier à la nuisibilité de leur persistance.

➤ *S'exposer aux émotions pour ne plus en avoir peur*

Nous sommes à la mer et nous voulons atteindre en nageant la bouée jaune. Nous sommes pris dans une grosse vague. Nous essayons de nager à contre-courant. Non seulement nous n'avançons pas, mais nous nous épuisons.

Lutter par exemple contre notre tristesse nous conduit de la même manière à l'épuisement. Toute l'énergie que nous utilisons pour empêcher qu'elle nous submerge est une énergie qui n'est plus disponible pour autre chose. La meilleure façon de nous en défaire, c'est de nous laisser porter par la vague, même si elle nous pousse, au départ, à l'opposé de là où nous voulons aller, ensuite elle nous emmènera au-delà de la bouée jaune, sans dépense d'énergie inutile !

Au lieu de lutter vainement contre notre émotion négative associée à une expérience perturbatrice en évitant de la ressentir, d'y penser, nous allons apprendre, **nous** au contraire à nous **y exposer**, en fixant, avec compassion pour nous-même, notre attention sur elle, et particulièrement sur les images, les sensations corporelles et les pensées négatives qui y sont rattachées[21].

Le mari de Frédérique l'a quittée pour une autre femme, il y a trois ans. Frédérique a des crises de boulimie, elle a pris 20 kilos. Elle continue de travailler, mais, dès qu'elle rentre chez elle, elle se met devant la télévision et elle mange (deux façons d'éviter sa tristesse). Elle n'a plus envie de s'occuper de son appartement. Voir ses amis lui coûte. Elle est obnubilée par les souvenirs douloureux de son passé avec son mari, elle ne parvient pas à penser à autre chose.
Frédérique se sent vide, elle se sent exténuée. Elle s'en veut d'être « une loque ».
Elle avait d'abord l'intention de prendre un traitement antidépresseur, mais elle a accepté d'essayer de travailler d'abord l'exposition à la tristesse.

L'exposition aux émotions peut se faire avec un thérapeute[22].

Extrait d'une séance avec Frédérique

— Frédérique, fermez les yeux. Concentrez-vous sur votre respiration quelques secondes. Dites-moi ce qui vous vient ?
— Rien.
— Qu'est-ce que vous sentez dans votre corps ?
— Je me sens un peu ballonnée, j'ai la sensation de manquer d'air.
— Restez avec ça quelques secondes.
Qu'est-ce qui vous vient maintenant ?
— Je me sens triste.
— À combien évaluez-vous votre détresse sur 10.
— À 9 sur 10.
— Sentez comme vous avez mal, comme vous souffrez dans votre corps.
— ...

— Qu'est-ce qui vous vient maintenant ?
— Je repense à mon mari qui est parti. Je le vois avec sa nouvelle copine et je me dis qu'ils doivent bien se moquer de moi.
— Qu'est-ce qu'elle vient dire de vous cette image ?
— Que je ne suis pas digne d'être aimée.
— Pensez à ça.
— Je me sens inutile, sans importance, ridicule. J'ai envie de disparaître.
— Et ça vous fait mal.
— (Frédérique pleure.)
— Oui, laissez venir.
Qu'est-ce qui se passe maintenant dans votre corps ?
— J'ai la nausée. J'ai peur de vomir.
— Qu'est-ce qui vient ?
— Je nous revois ensemble, lorsqu'il était amoureux de moi. J'ai tellement mal, j'ai envie de crier.
— Allez-y, criez, du plus fort que vous pouvez, personne ne peut vous entendre.
— (Frédérique n'arrive pas à crier mais elle tape des pieds par terre.)
— Qu'est-ce qui vient maintenant ?
— Je me sens très seule. (Frédérique pleure beaucoup.)
— Que ressentez-vous dans votre corps ?
— ...
— Par rapport à tout à l'heure, qu'est-ce qui est pareil, qu'est-ce qui a changé ?
— Je n'ai plus envie de vomir, mais je ne peux plus respirer. J'ai une barre qui me coupe complètement la respiration.
— Regardez cette barre. Pensez qu'il s'agit d'un enfant qui a mal et imaginez que vous mettez la main sur cette douleur.
— ...
— Qu'est-ce qui vient maintenant ?
— Je repense au fait que, physiquement, il ne me plaisait pas tant que ça lorsque je l'ai connu.
— Pensez à ça quelques secondes. Que ressentez-vous dans le corps ?
— Ça va mieux.
— Regardez de nouveau l'image du départ. En quoi est-ce pareil, en quoi, est-ce différent ?

— Je les vois ensemble, mais ça me paraît plus lointain, ça me touche moins.
— Vous évaluez votre mal-être à combien maintenant.
— À 5.

Frédérique est sortie fatiguée de la séance.
Elle était encore triste. Elle a continué à s'entraîner chez elle.
D'habitude, en société, elle fait toujours rire. Les gens se sentent coupables de leurs petites difficultés car elle a l'air forte. De ce fait, personne ne se confie à elle. Les gens restent assez distants.
Dans cette période où elle a travaillé sa tristesse, elle a, un midi, craqué auprès d'un collègue. Elle lui a dit combien elle souffrait depuis trois ans, combien elle n'en pouvait plus. Elle n'a pas pu s'empêcher de pleurer. Depuis, ce collègue lui téléphone plus souvent. Il se préoccupe d'elle. Cela a renforcé leurs liens. Elle a davantage de compassion pour elle, elle en suscite davantage. Elle est maintenant capable d'éteindre sa télévision quand elle sent sa tristesse. Elle se donne le droit de pleurer. Elle a retrouvé de l'énergie, notamment à son travail. Elle se sent de plus en plus capable de tourner la page par rapport à son mari. Avant ce travail, elle avait conscience que son mari était égoïste, peu séduisant physiquement. Elle le savait « dans sa tête » mais ne pouvait s'empêcher de l'aimer « avec ses tripes ». Après avoir donné libre cours à son émotion, elle le voit, « dans ses tripes », tel qu'il est.

Le changement dans les pensées et l'atténuation de la souffrance qui résulte de ce type de séance peuvent rendre l'exposition aux émotions efficace dans le traitement de la prévention de la dépression[23]. Le thérapeute doit être proche des problèmes de la personne qui lui demande de l'aide, et être très empathique. Il doit aider à percevoir à quel point la souffrance est présente.

Comment s'exposer seul ?

S'ISOLER

Il faut absolument s'assurer qu'on ne va pas être dérangé, et il faut avoir un peu de temps devant soi : commencer par quelques minutes tous les jours, et se prévoir au moins une demi-heure quand on souffre beaucoup.

SE CONCENTRER SUR SON CORPS

- On part d'une expérience qui nous a perturbé. On peut évaluer l'intensité du mal-être que l'on ressent sur 10[24]. Cela permettra de comparer à la fin et de voir si tout est « nettoyé » ou s'il faudra reprogrammer une séance.
- Pour davantage sentir les émotions et les sensations physiques qui y sont rattachées, pour relâcher la volonté et le contrôle, il est indispensable de **fermer les yeux**.
- On se centre sur sa respiration quelques instants (voir p. 197).
- Puis on fait attention aux sensations dans son corps, aux premières perceptions qui nous viennent. Cela peut être une fatigue qu'on peut essayer de localiser, une douleur, une oppression, une lassitude, un poids… (Ces sensations vont souvent précéder l'émotion[25].)
- Il ne faut pas essayer de modifier, de calmer, d'apaiser les sensations les plus perceptibles, les plus désagréables. Au contraire si on ressent une forte tension dans la nuque, on essaie de la regarder, de l'observer quelques minutes en respirant. « On reste avec ça[26]. » On peut imaginer que l'on est auprès d'un enfant qui a très mal quelque part. Il attend d'être opéré. Entre-temps, on ne peut rien faire. On peut juste être là, à ses côtés, et poser doucement la main là où il a mal. On essaie de penser de même avec soi, en étant là, bienveillant pour

soi-même. On visualise qu'on pose la main doucement, tendrement, là où on a mal.

- On constate combien on souffre.
- L'attention sur le corps, là où « se logent » les émotions[27], est vraiment capitale[28]. Durant toute l'exposition, il faut souvent y revenir.

LAISSER VENIR

Une fois que nous aurons été attentif à ces sensations, nous laissons venir. Tout ce qui vient : que ce soient des émotions, d'autres sensations, des pensées, des images ou des réflexions, des commentaires. Même si ce qui vient nous semble ne rien avoir à voir avec notre point de départ, nous laissons venir.

- On accueille les souvenirs et ce qui concerne le présent. Comme Frédérique, au départ de la séance, il se peut qu'il n'y ait rien. Dans ce cas, on continue à observer comment les sensations évoluent dans son corps.
- On laisse venir les images les plus douloureuses, celles auxquelles on s'est interdit de penser toute la journée (et qui sont, sans arrêt, revenues), on essaie de rester avec, de les regarder. On peut essayer de nommer ce qui fait le plus mal dans cette image, quel sentiment est le plus douloureux (voir p. 189).
- On laisse venir les pensées. On les regarde et on mesure surtout, à travers elles, la gravité de sa détresse, de sa souffrance, de ses doutes sur soi-même, de sa solitude. On essaie de « refléter[29] » ses pensées avec compassion. Par exemple, si on se met à penser « j'ai été nul », on regarde cette pensée en constatant combien le fait de penser cela de soi-même prouve à quel point on souffre.
- Et, surtout, on laisse venir ses émotions. Si la tristesse nous envahit, on ne la réprime pas, au contraire. Si on

sent de la colère, on peut l'exprimer, sans se faire mal, en tapant l'oreiller, en mordant quelque chose, en criant… Si c'est la peur, on la regarde en observant la façon dont elle se manifeste dans son corps, on peut imaginer se tenir la main.

– Dans les moments les plus difficiles, l'émotion peut être très importante. Il se peut qu'on ait peur de ne jamais s'en remettre, de sombrer. On se repète que l'émotion est un phénomène limité dans le temps. On est à l'acmé de l'émotion. C'est promis, ça va s'arrêter, on va en sortir.

Le déroulement va suivre cette courbe :

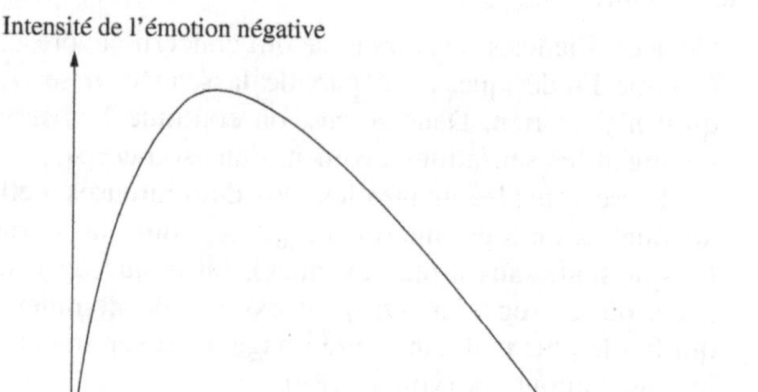

– Au moment de l'intensité maximale, on peut aussi se raccrocher au corps qui est entier, à la respiration dont le va-et-vient est une sorte de bercement pour cette personne qui souffre tant. On peut aussi puiser des ressources dans le sol qui nous porte, dans l'air qui nous caresse la joue, dans les arbres, si nous sommes dehors, qui s'inclinent vers nous pour nous protéger. Ce sont apparemment de piètres consolations, mais ces éléments seront toujours là pour nous.

– Puis vient forcément le moment où cela se calme. On a moins mal. Dans le corps, on sent de la fatigue, on a du mal à penser.
– Après une séance, il faut prévoir de se reposer.

L'effet sur l'émotion et sur les pensées qui en sont le produit n'est pas immédiat. L'intensité de l'émotion va continuer à décroître doucement. C'est souvent le lendemain que nous remarquerons la distance que nous avons prise avec ce qui nous préoccupait la veille.

Y REVENIR SI BESOIN

– Il se peut qu'il y ait plusieurs vagues et que l'on ait besoin, avant de sentir un réel soulagement, de faire ce travail à plusieurs reprises.
– Il se peut qu'on ne pleure pas. L'efficacité ne se mesure pas à l'aune de la quantité de larmes.
– Pour savoir où on en est, on peut évaluer à chaque fin de séance l'intensité de notre mal-être. Cela nous permettra de percevoir que l'intensité diminue. S'il reste de l'émotion négative, on peut imaginer qu'on met tout cela dans un petit coffre qu'on ferme à clé et que l'on y retravaillera un peu plus tard.

Quand s'exposer aux émotions ?

– Lorsque nous nous rendons compte que notre volonté est impuissante à chasser nos émotions.
– Quand, quoi que nous fassions, nous pensons toujours à la même chose, que cela tourne à l'obsession.
– Quand nous ne parvenons pas à trouver le sommeil parce que nous ruminons.

– Quand les mêmes souvenirs douloureux nous envahissent.
– Quand nous nous sentons mal physiquement et que nous savons que c'est « nerveux ».
– Quand nous avons sans arrêt envie de pleurer.
– Quand nous souffrons d'un chagrin d'amour.
– Quand nous vivons un deuil.
– Quand rien ne nous fait plaisir.
– Quand nous en éprouvons le besoin. D'ailleurs, à force de pratiquer, passer ces moments avec nous-même et après de quoi nous nous sentons plus léger, ce temps devient presque agréable.

Qu'est-ce que cela apporte ?

Ce que je trouve assez formidable, c'est l'apaisement qui vient après ces séances. On se sent souvent vidé mais aussi plus libre.

Lorsque le chagrin est très intense, il faut y revenir plusieurs fois, mais, au fur et à mesure, on constate que l'intensité maximale diminue.

Le rapport à soi se transforme. On n'est plus tributaire de personne pour satisfaire son besoin d'être écouté, d'être considéré avec bienveillance. On attend moins des autres, on se donne davantage.

Plus on s'entraîne à faire face à ses émotions, plus on est à même de sentir ses besoins, et plus on trouve de moyens pour les satisfaire. Après coup, nos pensées se sont modifiées[30] d'elles-mêmes, et nous voyons les choses d'une manière souvent beaucoup plus avantageuse pour nous-même. Cela nous pousse aussi à adopter des comportements différents[31], moins inconsciemment autodestructeurs.

Et puis cela apporte du contrôle dans le sens où nos émotions ne surgissent plus n'importe où, n'importe comment puisque c'est nous qui décidons quand et comment leur faire face. Davantage de contrôle, donc moins de stress concernant l'émotion.

« Exposez-vous à vos peurs les plus profondes ; après cela, la peur ne pourra plus vous atteindre » disait Jim Morrisson.

Cette technique est-elle vraiment efficace ?

Cette technique expérientielle est validée scientifiquement[32].

Je recommande l'utilisation, parce que je l'ai utilisée sur mes propres émotions et j'en ai ensuite vérifié l'efficacité avec mes patients. Elle s'appuie sur tout ce que nous avons vu dans les chapitres précédents et notamment sur le fait que :

- l'évitement des émotions est une stratégie à court terme, qui renforce l'émotion à long terme ;
- pleurer en soi ne sert à rien sans compassion ;
- détailler précisément ce que l'on ressent soulage ;
- s'exposer est une stratégie coûteuse à court terme mais bénéfique à long terme.

Dans la pratique, s'exposer aux émotions est une technique qui peut ressembler ou se coupler avec l'EMDR (Eye Movement Desensitization Reprocessing). L'EMDR est efficace[33] dans le traitement du stress posttraumatique[34,35]. L'EMDR se fait avec des mouvements oculaires (mais certains doutes sont émis sur leur utilité *stricto sensu*[36]). Il semble que cette technique soit surtout efficace grâce au processus de désensibilisation par l'exposition au souvenir et à l'émotion[37].

Dans l'exposition à la tristesse, la notion de traumatisme est prise au sens large. On n'a pas recours aux mouvements des yeux (puisqu'on les ferme) et on peut pratiquer cela tout seul. Comme dans l'EMDR, on fait attention aux sensations corporelles, on laisse venir les images, les souvenirs, les pensées et les émotions.

L'exposition aux émotions ressemble aussi au *mindfullness*, puisque, dans cette pratique de la pleine conscience, on apprend à regarder sans jugement l'agitation du corps, les émotions, les pensées, les images. Cette technique a fait la preuve de son efficacité dans un certain nombre de difficultés (voir p. 199).

➤ *Travailler ses émotions excessives avec l'autoreparentage*

Lorsque j'ai débuté comme psychiatre, j'ai utilisé ce que j'avais appris en thérapie cognitive. Je partais du principe que c'étaient les pensées négatives qui entraînaient des émotions négatives, et j'incitais mes patients à remplacer leurs pensées négatives par des pensées plus réalistes (voir p. 235) de façon à atténuer les émotions. Cela marchait bien avec les personnes souffrant d'anxiété importante.

Avec une de mes patientes dont l'enfance avait été marquée par des événements difficiles (traumatisme sexuel, abandon parental, mise en foyer avec séparation de ses frères et sœurs), cela ne marcha pas du tout, et elle dut faire momentanément les frais de ma maladresse. Je souhaite la remercier aujourd'hui car c'est grâce à elle que j'ai pris conscience que l'atténuation des pensées négatives profondément enracinées en soi-même peut difficilement se faire sur un plan strictement rationnel.

Voilà comment cela s'est passé. Depuis plusieurs séances, nous travaillions sur des situations dans lesquelles elle se sentait itérativement rejetée et abusée. Nous cherchions ensemble des expériences qui pourraient contredire ses généralisations du type « j'ai beau faire, personne ne se préoccupe de mon sort ».

Nous en trouvions sans que cela modifie d'un iota la croyance profonde de la patiente : elle était destinée à être trahie.

Son humeur était de plus en plus sombre. Je la sentais agacée par mes interventions. « Vous ne me comprenez pas », me dit-elle lors d'une séance. Je perdais confiance dans mes capacités de thérapeute.

C'est à ce moment que j'ai moi-même vécu une expérience émotionnelle correctrice et que j'ai suivi une formation sur les techniques d'autoreparentage.

Suite à cela, j'ai décidé d'interrompre momentanément avec ma patiente le travail cognitif au profit de ces techniques. Le résultat fut concluant. Alors qu'elle était depuis des mois sous antidépresseurs, benzodiazépines et somnifères, pour des épisodes dépressifs sévères réguliers, elle s'est progressivement, mais totalement, sevrée de tous ses traitements médicamenteux. Elle a retrouvé de la sérénité. La thérapie a duré une vingtaine de séances, nous avons pu terminer le travail cognitif. Le suivi à deux ans ne montrait pas de rechutes (je n'ai malheureusement pas pu la suivre plus longtemps puisque je suis partie pour une autre ville).

Encouragée par un tel résultat, je me suis mise à utiliser et à prescrire plus fréquemment cette technique émotionnelle auprès de mes patients. Son succès était inégal, parfois très spectaculaire, parfois inexistant. Cela a d'ailleurs été une de mes motivations pour en savoir davantage sur les émotions de façon à pouvoir mieux cerner les indications et les processus en cause.

L'*autoreparentage* est une stratégie pour faire face *centrée sur l'émotion* comme l'exposition à la tristesse et à la colère que nous venons de voir. C'est une autre manière de s'exposer aux émotions, particulièrement aux émotions inadaptées témoignant d'une réactivation du passé. Ce qui la rend spectaculaire, c'est qu'elle permet de passer de *l'égo-*

syntonie à *l'égodystonie*[38]. Ces termes sont compliqués mais fondamentaux à comprendre. Un problème est *égodystonique* lorsqu'il est vécu comme indésirable, inacceptable, étranger à soi[39]. Notre schéma de personnalité, même quand il nous fait souffrir, est *égosyntonique*, il fait partie de nous-même. À ce titre, il ne nous vient pas à l'idée de le remettre en question. Tout l'enjeu de l'autoreparentage, c'est de comprendre que notre Schéma Précoce Inadapté et les croyances qui vont avec sont autodestructeurs. Nous parvenons, après avoir pratiqué cette technique, à davantage nous rendre compte combien nous sommes mauvais pour nous-même. Donc de passer d'un schéma égosyntonique **inconscient** à un schéma égodystonique sur lequel nous pouvons agir.

Cette technique d'*autoreparentage* comprend quatre temps, et, pour en faciliter la compréhension, j'ai aussi retranscrit des extraits d'une séance.

Faire un lien émotionnel

Une séance de la thérapie de Caroline

— Avec Sylvain, ça se passe très mal en ce moment. Je crois que je vais le quitter.

— Que s'est-il passé ?

— Hier, on s'est disputé. J'avais envie de faire les soldes, et il m'a dit qu'il devait aller au sport. Je lui ai dit : t'as raison, va faire ton sport ! Il m'a dit : bien sûr que je vais le faire.
Je ressentais de la haine, j'aurais été capable d'être violente physiquement.

— Vous vous êtes sentie abandonnée ?

— Oui, je me disais que personne ne m'aimerait jamais et j'étais très en colère contre moi de rester avec un garçon pareil. De toute façon, j'ai l'impression que je suis maudite. Les garçons m'ont toujours laissée tomber. Je dois être trop grosse.

— Que ressentez-vous actuellement ?

— J'ai une boule dans la gorge et j'ai envie de pleurer.

— Fermez-les yeux et pensez à vous, enfant. Qu'est-ce qui vous vient comme image, comme souvenir ?
— Je ne sais pas si ça a un rapport, mais je me revois à l'école maternelle, quand ma mère m'a déposée la première fois. Elle était très pressée. Je ne voulais pas qu'elle s'en aille. Je pleurais. Et elle est partie sans même me faire un bisou, sans se retourner. J'ai passé la matinée le nez collé à la fenêtre. J'étais vraiment une gamine capricieuse.

Faire un *lien émotionnel* ou un *pont d'affect* consiste à profiter de l'émotion présente pour accéder à des souvenirs et permet de voir si ce qui nous fait souffrir maintenant est une émotion adaptée à la situation ou une émotion reliée à la réactivation de notre schéma.

1. Faire un lien émotionnel ne peut se faire que lorsqu'on est **en train** de ressentir une émotion, **quand on la vit maintenant**. On part d'un moment difficile actuel et on essaye de nommer ce que l'on ressent maintenant. On évalue subjectivement à combien on souffre (sur une échelle de 10 par exemple).

Ensuite, **il ne faut pas réfléchir** en se disant : « Quand ai-je déjà vécu cela dans le passé ? » Non, il faut essayer de laisser flotter son attention, et la diriger juste vers soi enfant. Faire confiance à ce qui nous passe par la tête. En partant de son émotion présente, on utilise les propriétés facilitatrices de notre mémoire « émotionnelle ». C'est dans l'émotion que nous pourrons avoir accès aux souvenirs qui ont participé à la formation de notre schéma[40]. Ces souvenirs repasseront alors dans notre mémoire et pourront être nommés, examinés avec nos capacités cérébrales d'adultes.

Tout ce que nous avons vécu a été rangé dans la mémoire autour d'un nœud émotionnel.

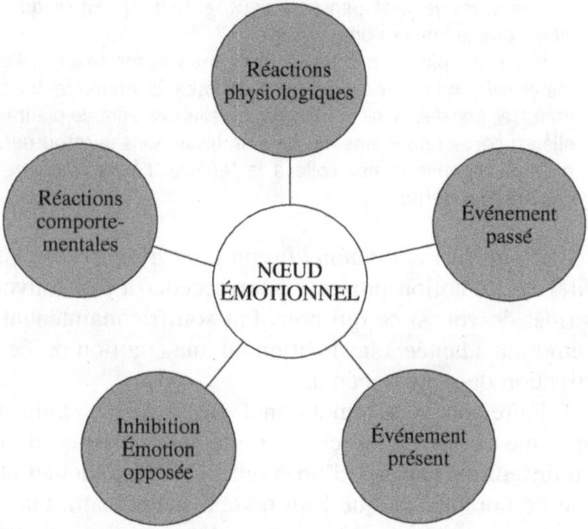

La mémoire fonctionne par association, cela ressemble à cette ritournelle de l'enfance[41] : « Marabout – bout de ficelle – selle de cheval… »

La plupart de mes patients, lorsqu'ils essayent de faire un lien émotionnel tentent d'effectuer un tri logique et me disent : « Je me suis revu dans telle situation, mais cela n'a aucun rapport, il ne s'agit pas de la même situation. »

Non, en effet, il ne s'agit pas de la même situation, mais les deux situations sont sous-tendues par le **même sentiment, la même émotion**.

Il ne faut pas s'attendre à des morceaux de film. Les souvenirs sont souvent imprécis et parcellaires[42]. Parfois ne surgissent que des impressions vagues, dans lesquelles on se revoit enfant, seul, sans qu'il ne se passe rien. C'est souvent le cas chez les personnes qui souffrent d'un schéma d'abandon. L'abandon laisse peu de souvenirs. L'abandon, c'est justement le vide, l'absence, et c'est cela qui est douloureux.

Se laisser aller à pleurer :
le temps de la catharsis

— Caroline, que pensez-vous que peut ressentir une petite fille de 4 ans qu'on laisse à l'école sans un mot, sans un bisou ?
— Je ne me rappelle plus ce que j'ai ressenti à ce moment-là.
— Imaginez.
— Elle a dû se sentir seule, elle a dû se demander ce qui lui arrivait. Elle a dû avoir peur de ne plus jamais revoir sa maman qui n'était pas souvent là. Elle a dû avoir peur d'avoir fait quelque chose de mal.
— Qu'est-ce que vous ressentez pour cette petite fille ? Elle vous touche ?
— Oui, elle me donne envie de pleurer.
— Laissez venir...
Imaginez comme cela a dû être dur pour cette petite Caroline qui ne voit pas souvent sa maman d'être dans un endroit qu'elle ne connaît pas, abandonnée sans un mot ! Vous pensez qu'une enfant de 4 ans peut deviner ce que fait sa mère quand elle part ? Vous pensez qu'une enfant de 4 ans a les moyens de comprendre que sa mère va bientôt revenir alors qu'une enfant de cet âge n'a pas la notion du temps et ne connaît pas la différence entre hier, aujourd'hui et demain ?
— Non.

Le temps de la catharsis consiste à laisser s'exprimer sa peine[43], à revisiter ses souvenirs non plus avec froideur et jugements négatifs (comme Caroline qui se perçoit comme ayant été une enfant capricieuse, sans doute parce que c'est ce qui lui a été renvoyé à l'époque) mais **avec compassion**. On s'expose ainsi à l'émotion de tristesse et au sentiment douloureux.

Il faut apprendre à se plaindre, ne plus banaliser mais au contraire s'émouvoir.

Pour recouvrer du bien-être, nous avons besoin que nos émotions et nos sentiments négatifs soient reçus avec chaleur, avec empathie[44]. Pour évacuer des souvenirs douloureux qui influencent et rigidifient notre façon de voir le monde, et qui nous poussent à adopter des comportements toxiques, nous devons apprendre à les voir **nous-même** avec compassion.

C'est d'autant plus difficile que, petit, nous n'avons pas eu conscience d'éprouver un sentiment d'injustice, d'abandon, d'abus… Nos facultés d'étiquetage des ressentis par le cerveau ne sont apparues que tardivement dans l'enfance (voir p. 160).

La perception du caractère inhabituel ou anormal de l'attitude de nos parents ne peut se faire qu'en comparaison avec des normes sociales, culturelles. Or ces normes, nous ne les avons eues qu'à l'âge adulte. À l'époque, notre unique référence était ce que les adultes qui s'occupaient de nous disaient ou faisaient.

C'est pourquoi il ne faut **pas chercher à se souvenir de ce que l'on a pu ressentir**, mais **se formuler ce que l'on ressent maintenant quand on revoit le souvenir**. Pour mieux y parvenir, on peut s'aider du *décentrage* : on imagine que son propre enfant, un enfant qu'on aime bien, ou un petit qu'on aperçoit dans la rue et qui nous émeut, vit la même chose que ce qu'on était en train de vivre.

Ainsi, nous prenons plus facilement conscience de la difficulté de la situation que nous étions en train de vivre compte tenu de l'âge que nous avions. C'est aussi une des raisons pour lesquelles j'incite souvent mes patients à rechercher des photos d'eux, petits, pour qu'ils se rendent bien compte combien ils étaient… petits, fragiles, démunis, émouvants et combien ils méritaient d'être guidés, protégés, aimés.

En tant que psychiatre, je suis très souvent sidérée par le décalage entre la gravité de ce que certaines personnes ont subi et la froideur, la dureté avec lesquelles elles se revoient. Au début de ce type de séance, je suis souvent beaucoup plus émue qu'eux.

Réattribuer les responsabilités et défendre l'enfant qu'on a été

Contrairement aux idées reçues, le temps de catharsis est à lui seul insuffisant pour éprouver un mieux-être. S'arrêter à l'étape précédente, c'est comme charcuter une blessure par balle sans retirer la balle. Cela fait mal. Point. La catharsis est une étape indispensable[45] (on ne pourra pas soigner la plaie si l'on n'y accède pas) mais insuffisante. Elle doit être impérativement suivie du temps de défense de l'enfant qu'on a été.

— Vous connaissez des petites filles de 4 ans que vous aimez bien ?
— Oui, ma petite nièce, Léa, que j'adore.
— Imaginez qu'on laisse la petite Léa quelque part, sans un mot. Que ressentiriez-vous pour la personne qui lui a fait ça ?
— Je serais très en colère.
— Que diriez-vous à cette personne qui la laisse ?
— Les enfants, c'est pas des chiens.
— Si vous étiez chargée de défendre la petite Caroline, que diriez-vous à cette mère ?
— Mais elle n'y pouvait rien. Elle avait un travail difficile, et sa propre mère n'a jamais été affectueuse avec elle. Elle a fait du mieux qu'elle a pu.
— C'est évident. Vous défendez très bien votre mère, mais vous faites aussi deux poids, deux mesures. Quand vous n'êtes pas bien, vous dites que c'est votre faute et vous essayez de vous remettre en question en venant me voir par exemple. Quand il s'agit de votre mère, vous lui trouvez des circonstances atténuantes, et elle n'est responsable de rien. Vous trouvez ça juste ?

Qui était l'adulte et qui était l'enfant ? Qui vous a défendue-vous ? — Si je ne connaissais pas cette mère, je lui dirais qu'elle est égoïste, qu'elle ne fait jamais attention à sa petite fille, qu'elle ne passe jamais de temps avec elle alors que j'aurais tellement eu besoin qu'elle me prenne dans ses bras.

Exprimer de la colère en imagination est très important[46].

Soyons clair, c'est une étape dans laquelle, au début, on se sent ridicule. On développe un double regard, on se voit faire, on a honte et l'on se dit que ça ne sert à rien de revenir là-dessus, que c'est du passé, que l'on ne peut pas changer ce qui a eu lieu.

Tous ces arguments sont vrais. On ne peut pas changer les événements passés, par contre, on peut changer les croyances sur soi qu'ils ont laissées.

Cette expression de la colère va nous permettre de prendre de la distance par rapport à notre schéma. Sans elle, nous allons continuer à croire émotionnellement et à agir inconsciemment comme s'il était normal de nous laisser traiter comme quantité négligeable, comme s'il était normal de ne pas être aimé, normal de ne pas être reconnu, entendu….

Comment faire ?

- Profiter du lien émotionnel que l'on a fait, de ce souvenir dans lequel on se revoit, imaginer que cela arrive à un enfant qu'on aime et se voir en tant que grand, en train de le défendre.
- Ne pas hésiter à insulter, à crier, à taper.
- Pratiquer cela seul, bien sûr, pour ne pas passer pour un dingue.

Exprimer sa colère à ses vrais parents ne sert souvent à rien car on se sent coupable après et on est encore plus mal. Il s'agit vraiment d'un travail en imagination.

Dans l'autoreparentage, la colère est l'émotion la plus difficile à ressentir et à exprimer. On peut mimer physiquement l'émotion, cela aide parfois à la provoquer. Ainsi, les yeux fermés, on peut faire des mouvements avec ses bras où l'on repousse cet adulte qui fait du mal à l'enfant qu'on a été. On peut taper son oreiller, donner des coups de pied dans les murs, crier (quand on est seul[e] dans sa voiture par exemple), utiliser des formules injonctives comme « va-t'en », « casse-toi », « fous-lui la paix »...

L'utilisation de formules grossières et/ou lapidaires n'est pas interdite, elle est même préconisée. Pour vous adresser à cette personne qui a fait du mal à l'enfant que vous étiez, évitez les longues phrases qui endorment, les raisonnements à tiroirs.

Un des obstacles majeurs, lorsque l'on pratique cette étape, c'est la culpabilité que l'on ressent, on croit que l'on va faire du mal à ses vrais parents, qu'on est en train de les trahir. On confond l'expression seul à soi-même de l'émotion avec le passage à l'acte : être agressif avec ses parents.

Fermez les yeux. Pensez très fort que vous allez casser l'ampoule de votre lustre. Pensez-y très très fort. Imaginez que vous la frappez avec un bâton, que vous lui donnez des dizaines de coups. Rouvrez les yeux. Votre ampoule est-elle endommagée ?

Penser qu'en faisant ce travail en imagination vous allez faire du mal à vos vrais parents, c'est croire que vous allez réussir à casser l'ampoule simplement en y pensant. C'est une pensée magique.

Au contraire, le fait d'oser exprimer de la colère en imagination à vos parents intérieurs vous permettra de vous sentir mieux, dans le présent, avec vos vrais parents. Vous aurez évacué en partie cette colère refoulée qui envenime plus ou moins consciemment vos relations présentes.

Souvent, les parents ont fait de leur mieux. Mais pas toujours. Certains ont été ignobles, ils ont abusé leurs enfants, les ont maltraités, les ont rabaissés constamment, les ont dressés. Et même si, en effet, ils ont fait de leur mieux, l'enfant que vous étiez, lui aussi, a fait de son mieux.

En résumé, pour ne plus être persuadé dans ses tripes, que :

- « ce que je ressens ne compte pas »,
- « ce que j'ai à dire n'intéresse personne »,
- « ce que je suis ne convient pas, je dois être parfait(e) »,
- « je mérite d'être abusé(e) »,
- « je ne mérite pas d'être aimé »,
- « je serais toujours seul(e) »…

pour comprendre que ces formules que nous nous adressons à nous-même ne nous correspondent pas mais sont seulement des échos d'un conditionnement passé, nous devons nous mettre en colère et défendre l'enfant que nous avons été. C'est lui la victime ; c'est lui qui était petit, sans défense, sans possibilité de comprendre, de se défendre, sans l'autonomie pour faire face.

Apprendre à se faire des promesses et à se rassurer

— Si vous étiez une grande personne très proche de cette petite Caroline, si vous étiez comme une seconde maman, que lui diriez-vous ?

— N'y pense plus, ça va passer.

— Vous pensez que cette petite Caroline se sentirait mieux si on lui demandait de ravaler ses larmes ? Vous-même, quand vous n'allez pas bien, cela vous apaise quand on vous demande de penser à autre chose ?

— C'est toujours ce qu'on me dit.

— Ne préféreriez-vous pas qu'on vous dise, « pleure, ma chérie, je suis là » ?
Revenons à cette petite fille qui pleure. Vous la laissez pleurer ou vous la serrez fort dans les bras ?
— Je la serre fort.
— Qu'a-t-elle besoin d'entendre ?
— ...
— Imaginez que cette grande personne la serre fort et lui dise : je suis là ma chérie, tu peux pleurer dans mes bras. Je ne te quitterai jamais quoi qu'il arrive. Tu n'as rien fait de mal. Tu es la petite fille la plus adorable que je connaisse. Je t'aime très fort.
— ...

Cette étape finale permet de panser la blessure.

Le grand que nous sommes, proche du petit que nous étions, lui promet de lui apporter, **à partir de maintenant**, ce qui lui a manqué. Elle permet de devenir bienveillant(e) envers soi-même.

Cette technique se pratique toujours les yeux fermés.

On peut mettre les bras autour de soi, voire se bercer pour s'aider à sentir, à visualiser le grand et le petit. C'est la dernière étape de légitimation et d'engagement vis-à-vis de soi.

Il faut promettre à ce petit qui nous touche, pour lequel on éprouve de la compassion, que nous ne permettrons plus à quiconque de lui faire du mal, que nous sommes fier de lui, que nous ne le laisserons jamais seul, que nous veillerons à ses besoins, qui sont légitimes, qu'il a le droit d'être insouciant et que nous allons chaque jour lui faire plaisir.

Qui, mieux que nous, peut tenir ces promesses ?

Qui, mieux que nous, peut savoir ce dont nous avons besoin à chaque instant ?

Le retour au présent, le feed-back

— Comment vous sentez-vous maintenant ?
— Je me sens vidée.

— Quand vous repensez à Sylvain et à votre dispute, que ressentez-vous ?
— Je trouve normal qu'il ait besoin de faire du sport. Je lui en veux juste de ne pas m'avoir proposé de m'accompagner faire les soldes.
— Le lui aviez-vous demandé ?
— Non, je pensais qu'il me dirait non.
— Essayez de lui demander la prochaine fois en lui disant combien cela vous ferait plaisir qu'il vous accompagne.
— Là je me sens capable de le faire alors que je pensais lui en vouloir beaucoup plus.

À la suite de cette séance, Caroline a recouvré un apaisement, une bien meilleure qualité de relation avec Sylvain, qu'elle avait envisagé de quitter. Elle a compris que son problème n'avait jamais été d'être trop grosse mais simplement de se sentir mal aimée quoi qu'on fasse pour elle.

Une fois qu'on a effectué les quatre étapes précédentes, on peut repenser au présent, à la situation initiale qui a déclenché de la souffrance et regraduer l'intensité de celle-ci.

Avec l'entraînement, on parvient à diminuer les émotions excessives de façon significative.

Mais cette technique ne cible que l'émotion inadaptée. Elle n'agit pas sur l'émotion légitime. On nous critique agressivement, cela nous met dans une colère terrible car cela nous rappelle notre père qui nous parlait comme à un chien. Après nous être autoreparenté efficacement, nous ressentirons toujours une certaine colère. Heureusement, puisque cette émotion va nous pousser à nous défendre !

Certains de mes patients ont aménagé cette technique. Ils l'utilisent par morceaux. Ou bien ils ne travaillent que la défense. Ou bien uniquement la catharsis. Certaines personnes s'adressent à leur enfant intérieur le matin, avec gentillesse.

Ce qui est important, au final, c'est d'augmenter la compassion pour soi et de ne plus se faire du mal.

Maintenant, où en êtes-vous de votre compassion pour vous-même ?

0	10	20	30	40	50	60	60	70	80	90	100

En résumé

L'*autoreparentage* n'est pas une technique « naturelle », « spontanée ». C'est une technique construite, qui nécessite de l'entraînement.

Elle permet de ne plus bloquer ses émotions mais d'apprendre à les exprimer à soi-même, sans contrainte. Elle atténue progressivement les traces émotionnelles qu'ont laissées certains souvenirs traumatiques. Elle permet de passer d'un schéma égosyntonique à un schéma égodystonique. Sa pratique nous aidera à trouver une issue à certaines impasses comportementales dans lesquelles nous nous enfermions **inconsciemment**.

Vous avons déjà bien travaillé seul. Comment communiquer avec les autres maintenant ?

➤ *S'autoriser à exprimer à autrui ses émotions négatives*

On peut parler, pour se libérer de son émotion. C'est la *recherche de soutien*, appelée aussi « communication émotionnelle[47] ».

On peut aussi parler, avec ses émotions, dans le but de faire valoir ses droits, c'est la *communication affirmée*.

Ces deux types de communication sont deux outils de régulation émotionnelle. L'une est plutôt une stratégie régulatrice à court terme et *une stratégie pour faire face centrée sur l'émotion* qui permet d'atténuer ses émotions négatives et de mieux gérer son stress[48].

L'autre, l'affirmation de soi, est une stratégie à long terme et une façon de faire face *centrée sur le problème.*

Parler pour se libérer

La communication émotionnelle consiste à faire part de son expérience émotionnelle à quelqu'un d'autre dans le but de s'en libérer. Nous allons voir comment l'optimiser car le partage de ses émotions en lui-même ne sert pas à grand-chose. En effet, une des plus grandes idées reçues sur les émotions consiste à penser que parler de ses émotions est cathartique, libérateur[49]. 80 % des gens sont persuadés que « parler, ça aide[50] » alors qu'en réalité la verbalisation de ses expériences émotionnelles ne fait pas fluctuer l'intensité de l'émotion[51]. Cela va à l'encontre de notre impression subjective.

Imaginons un enfant qui revient de l'école et qui confie la tristesse qu'il ressent d'avoir été rejeté par un de ses camarades.

Celui qui l'écoute peut intervenir de deux façons différentes :

- « Arrête de te plaindre, ce n'est pas grave, il y a des enfants qui n'ont rien à manger. »
- « Viens contre moi et raconte-moi ce qui s'est passé. »

Quelle est selon vous l'attitude qui va favoriser le mieux-être, la confiance dans ses capacités à faire face et quelle est celle qui va susciter des émotions secondaires ?

Vous me voyez certainement venir.

En fait, pour que la confidence de nos émotions nous permette de nous sentir mieux, deux éléments importants sont à prendre en compte :

• *Le premier*, c'est d'être attentif aux qualités de celui qui nous écoute.

Plus la personne avec qui on partage une expérience de peur, de colère ou de tristesse va exprimer d'empathie, de compréhension, d'attention, mieux nous allons nous sentir[52].

C'est donc de la façon dont nos émotions vont être reçues que dépend notre mieux-être.

À quoi reconnaît-on un interlocuteur empathique ?

- S'il nous prodigue des marques d'intérêt verbales comme des « ah oui » ou des « hum hum » qui n'interrompent pas notre discours, ou des marques d'intérêt non verbales comme des hochements de tête, un regard attentif.
- S'il nous pose des questions avec un véritable intérêt, plutôt que s'il nous abreuve de réponses en attendant le moment où il pourra en placer une.
- S'il reformule ce que nous lui disons pour être certain qu'il a bien saisi notre problème.
- S'il se met à notre place, c'est-à-dire s'il vit, s'il ressent un peu notre émotion. Ainsi, si nous racontons quelque chose qui nous bouleverse, un « écoutant » empathique sera lui aussi ému, et cela se verra car ses yeux seront humides ou bien l'expression de son visage reflétera l'émotion dont nous lui parlons.
- S'il est chaleureux et qu'il peut exprimer son soutien, ou se rapprocher physiquement de nous, ou nous prendre la main, ou nous serrer dans ses bras.
- S'il nous confie une expérience similaire

Le partage de nos émotions avec une telle personne peut vraiment nous faire du bien. Il renforcera notre attachement à elle et nous fera nous sentir moins seul dans la difficulté.

• *Le second élément* qui va nous permettre de nous sentir mieux après avoir raconté une expérience émotionnelle, c'est la façon dont nous allons la dire. Plus nous allons la détailler, la spécifier[53] dans le temps, dans l'espace, en rattachant l'émotion à un moment, plus cela va concourir à faire décroître l'intensité de notre émotion.

Si je raconte à ma petite sœur une expérience de honte, c'est pour m'en libérer. En évoquant ce souvenir, je m'expose à de nouveau ressentir cette honte. Pour en atténuer l'intensité, j'aurai donc plutôt intérêt à lui dire :

– « J'étais dans la rue avec Pascale et Rajaa, c'était en octobre, et nous sortions du cinéma. Nous étions allées voir un film ennuyeux, quand Pascale m'a dit “ton pantalon est déchiré”. Je me suis sentie ridicule, et Rajaa et Pascale ont dû marcher derrière moi. »
– Plutôt que : « On a souvent honte avec les amis. »

Nous avons tendance à parler de nos expériences de façon générale, sans les spécifier, pour zapper les émotions. C'est un **évitement émotionnel**. Or cela les amplifie. C'est en détaillant l'expérience que nous les atténuerons, même si cela nous réémeut sur le coup. Apprendre à remettre ses émotions dans un contexte est un processus potentialisant l'efficacité de la communication émotionnelle. Nous savons aussi maintenant que dire ce que l'on ressent nous rendra plus attachant.

Parler pour s'affirmer

S'affirmer, c'est-à-dire faire valoir ce que l'on pense, ce que l'on veut, ce que l'on ressent, sans léser les droits d'autrui, c'est une stratégie de régulation émotionnelle **à long terme**.

S'affirmer, c'est pouvoir dire non ou faire une critique à quelqu'un sans le blesser, sans être dans l'escalade d'agressivité qui mène au conflit[54].

S'affirmer, c'est aussi émettre des messages positifs quand il y a lieu pour être juste avec autrui. Trop souvent, nous ne relevons que le négatif. S'affirmer, c'est ménager la relation tout en disant ce que l'on a à dire, avec l'aide d'outils auxquels penser quand on est dans des situations « émotionnantes » difficiles à gérer.

S'affirmer est difficile et demande beaucoup d'entraînement.

En consultation, j'entends très souvent des personnes se désespérer de n'être pas capables d'y parvenir facilement ou de n'être pas capables de se sentir parfaitement à l'aise quand elles tentent de s'affirmer.

S'affirmer a un coût émotionnel immédiat souvent important. Ne pas se sentir complètement à l'aise à ce moment-là est plutôt bon signe. Cela prouve que nous sommes en train de sortir de nos habitudes d'inhibition, de défense, qui, au lieu de nous protéger, génèrent l'agressivité et le rejet que nous redoutons.

S'affirmer représente un changement, donc du stress.

Quand on se lance, ce sont les mêmes sensations qu'avant un saut à l'élastique : les jambes flageolent, le malaise est intense. On n'a qu'une envie : ne pas sauter. Après, en revanche, on ressent comme une sorte de dilatation intérieure.

S'affirmer, c'est donc davantage de peur sur le moment, mais moins de rancœur, de ruminations stériles, de tristesse et d'anxiété, et davantage de bien-être après. Concrètement, comment apprendre à s'affirmer ? La règle est simple et elle découle de tout ce que nous avons vu précédemment. Quel que soit le message qu'on souhaite faire passer, il faut **être précis et s'impliquer émotionnellement**.

NE PAS SE TROMPER DE PERSONNE[55]

Admettons que quelqu'un ait une remarque négative à nous faire. Apprécierions-nous d'en avoir connaissance par personne interposée ? Que ressentirions-nous dans ce cas ? Ce sentiment de trahison est-il bon pour la relation ? N'aurions-nous pas envie de nous mettre en colère contre cette personne qui ne nous dit pas les choses en face ?

> Véronique a appris incidemment que l'une de ses collègues critiquait ses dossiers, lui reprochant indirectement de ne pas les remettre en temps et en heure. Depuis qu'elle sait cela, Véronique ne dit plus bonjour à cette fameuse collègue. Dès qu'elles s'adressent la parole, c'est extrêmement tendu.

Par conséquent, lorsque nous avons, nous-même, une remarque négative à faire, assurons-nous que nous sommes en face du bon destinataire.

CHOISIR SON MOMENT

Choisir son moment, c'est d'abord être attentif aux conditions dans lesquelles nous allons dire les choses. Plus le message est difficile à dire – c'est le cas d'une critique ou de l'expression d'un ressenti négatif –, plus le choix du moment est crucial :

- pas devant tout le monde,
- idéalement seul à seul,
- à un moment où l'autre a l'air à peu près disponible,
- pour des relations proches, ne pas hésiter à créer le moment en invitant le destinataire de notre remarque à boire un verre, au restaurant ou à aller faire un petit tour.

> Annie avait envie de dire à sa mère combien cela lui pesait qu'elle s'immisce sans arrêt dans sa vie. Elle lui a téléphoné et l'a invitée dans un salon de thé pour n'être ni chez elle ni chez sa mère. Elle craignait, en discutant de cela chez elle, que sa mère

se sente acculée, « en territoire ennemi ». Et elle redoutait, si elle abordait le sujet au domicile de sa mère, que celle-ci ait toujours quelque chose à faire, qui ferait qu'elle n'écouterait qu'à moitié.

Le choix du bon moment pour dire les choses comporte une autre contrainte pour le moins paradoxale : attendre sans trop attendre.

– Attendre un peu, pour bien connaître les faits et ne pas être le jouet de nos émotions.

Un matin, en arrivant au travail, Denis s'aperçoit qu'Hugues est absent alors qu'il comptait sur lui. Dès qu'Hugues arrive l'après-midi, Denis, très agacé, lui tombe dessus : « Chaque fois que j'ai besoin de toi, tu me laisses dans la panade. » Hugues, qui avait été mandaté ailleurs, lui a fait la tête. Voyant sa réaction, Denis s'est renseigné auprès de ses collègues. Il a su le fin mot de l'histoire. Il a regretté sa remarque. C'était trop tard.

– Mais ne pas trop attendre non plus. Plus nous attendons, plus nous allons cumuler de rancœurs. Lorsque la coupe sera pleine, nous risquerons d'exploser.

Dans la réalité, nous faisons souvent comme nous pouvons. Souvent, nous avons « l'esprit d'escalier » et nous nous disons, après coup, « j'aurais dû dire les choses comme ci ou comme ça ». En fait, rien ne nous empêche de redire mieux ce que nous avons essayé de dire maladroitement. **Notre dernière formulation effacera les autres.**

Tania en voulait à son amie Louise de lui avoir fait faux bond le samedi précédent. Quand Louise lui a téléphoné, pour sortir, Tania lui a dit : « Non, ce soir, je ne suis pas là. » Elle a été très sèche et très laconique.

Après avoir raccroché, elle s'est sentie coupable car elle a compris qu'elle avait blessé son amie et que celle-ci ne la rappellerait probablement pas. Elle s'est traitée de nulle.

Puis elle s'est dit : « Après tout qu'est-ce que j'ai à perdre si je la rappelle pour lui dire ce qui m'a fait vraiment mal ? »
Elle a donc rappelé Louise, mal à l'aise, et lui a dit : « J'ai un peu les boules de te dire ça, mais samedi dernier, quand tu as annulé, j'ai eu l'impression que tu me prenais pour un bouche-trou. Ça m'a fait de la peine. »
Du coup, Louise a compris pourquoi Tania lui faisait la tête et elle a pu expliquer ce qui s'était passé. Elles sont reparties du bon pied.

CONNAÎTRE LES DIFFÉRENTS TYPES DE MESSAGES ET LA FAÇON DE LES DIRE

Il y a six types de messages[56] : faire des remarques positives, recevoir des remarques positives, demander, dire non, faire des remarques négatives et recevoir des remarques négatives.

> Pour vous entraîner à faire des compliments et des demandes, il faut penser à être **précis** en citant un fait, un comportement, et **impliqué** en évoquant les conséquences émotionnelles pour vous.

Par exemple : « Cela m'a fait plaisir que tu m'aides à faire les courses hier », ou « je me sentirais plus considérée si tu mettais tes chaussettes au linge sale ».

Avant de se lancer dans des critiques, essayons de nous entraîner aux remarques positives de façon que l'autre ne se bouche pas les oreilles en se disant « de toute façon, il ne remarque que le négatif ».

MÉNAGER LA RELATION

Si l'on a tant de mal à dire non, c'est qu'on confond souvent le problème et la relation. On a souvent peur de dire non, parce que l'on craint que cela mette fin à la relation.

Céline aime être seule chez elle le vendredi soir, se faire un plateau télé en pyjama pour se reposer de sa semaine. Or c'est le troisième vendredi où elle reçoit un SMS de Léna pour sortir. « C'est pas vrai, elle ne peut pas comprendre que j'ai envie de me reposer. » Eh bien non, Léna ne peut pas le comprendre, d'autant moins que Céline ne le lui a jamais dit et d'autant moins que, la fois précédente, elle avait accepté, malgré elle, de sortir. Elle n'avait pas osé dire non, car elle s'était dit qu'elle avait suffisamment peu d'amies dans cette ville pour ne pas risquer d'en perdre une. Céline mélange le problème de la sortie du vendredi avec la relation.

Pour faire passer des messages négatifs comme les critiques ou le fait de dire non, il faut donc distinguer ces deux choses.

Il faut impérativement **ménager la relation** en :

- montrant de l'empathie, en montrant à l'autre qu'on se met à sa place : « Je comprends que tu te sentes un peu seule en ce moment depuis que Jef est parti » ;
- ou en émettant une hypothèse sur ce qu'il est en train de ressentir : « Tu dois être triste, exténué, préoccupé… » ;
- ou en exprimant la gêne qu'on éprouve à dire ce qu'on est en train de dire : « Je suis très gêné, mal à l'aise de te dire ça », ou « Je me sens coupable de te dire non, parce que tu es toujours très attentionné envers moi » ;
- ou en osant dire ce que l'on a peur de faire à l'autre : « Ça m'est difficile de te dire cela car j'ai peur de te faire de la peine, de te vexer, de perdre ton estime, ton amitié… »

Puis on aborde le problème en étant précis, c'est-à-dire en critiquant un comportement particulier et non pas la personne en général. « Cela m'a agacée que tu aies dit ceci » sera moins dévastateur pour la relation que : « Tu n'es qu'une égoïste, tu ne penses toujours qu'à toi. »

ÉTABLIR UN PROGRAMME ET GRADUER LA DIFFICULTÉ

La question est : « Qu'est-ce que je n'arrive pas à dire et à qui ? »

Par exemple, j'ai des griefs contre mon patron, ou contre la personne avec laquelle je vis.

Je ne fais jamais de compliments à mes enfants, et je m'en veux.

J'essaie d'établir une liste précise du plus facile à dire au plus difficile.

Liste de Marc

1. Dire à ma fille que je suis fier de son 8/10 en maths.
2. Dire à Christine que je me suis régalé quand elle nous a reçus.
3. Dire à ma femme qu'elle m'a touché quand elle a pleuré l'autre soir.
4. Demander à mon collègue de l'aide pour une tâche difficile.
5. Demander à mon patron une augmentation.
6. Dire à ma femme qu'elle m'a agacé quand elle m'a téléphoné en pleine réunion et qu'elle m'a raccroché au nez.

En résumé

Dire ce que nous ressentons est libérateur si nous détaillons ce que nous avons vécu et ressenti, auprès d'un interlocuteur empathique (peu importe si nous sommes émus en faisant cela puisque cela nous rendra attachant).

Dire ce que nous voulons, ce que nous ne voulons pas en osant dire les émotions que cela suscite nous permettra de découvrir combien les autres ne veulent pas notre malheur, pour peu que nous ne soyons pas sur la défensive.

Étape 3
Apprendre à gérer ses états émotionnels négatifs

➤ *En s'exerçant à penser autrement*

Nos pensées négatives peuvent amplifier nos émotions. Les remettre en question en cessant d'être catastrophiste mais en devenant plus conforme à la réalité aura un effet régulateur sur nos émotions.

Remettre en question nos pensées automatiques, ou *restructuration cognitive*[57], est une stratégie pour faire face *centrée sur l'émotion.* Elle est très utile lorsque nous sommes prisonnier d'une situation. Elle est à tenter systématiquement car elle peut suffire à amenuiser notre tristesse, notre colère ou notre peur.

Pour mieux comprendre chaque étape, nous allons travailler à l'aide d'un exemple de tristesse.

Identifier ce que nous pensons

Nos pensées automatiques correspondent à la façon dont nous interprétons ce qui est arrivé. Nos pensées automatiques ressemblent souvent à un scénario catastrophe.

En cas de peur sociale, notre scénario catastrophe peut ressembler à ça : « Je vais bafouiller, tout le monde va rire, et je ne vais plus être crédible, mes amis ou mes collègues vont se détourner de moi. Je finirai seul(e) et raillé(e) partout ou je passe. »

En cas de tristesse, nous pouvons avoir un scénario catastrophe comme : « Je suis nul(le), je n'arrive jamais à rien, les autres réussissent dans tout ce qu'ils entreprennent. »

Parfois, quand nous ressentons une forte colère, nous nous disons : « Il se moque de moi. Il n'a jamais fait attention à ce que je faisais. Il me prend pour un con ! »

Ces pensées automatiques sont parfois difficiles à reconnaître. Il faut aller les débusquer, oser nous les formuler clairement. Plus l'*Alien* est distinct, mieux on pourra se battre contre lui. Parvenir à clarifier notre scénario catastrophe, c'est le plus gros du travail. C'est lui que nous allons regarder dans les yeux jusqu'à ce qu'il baisse les siens et qu'il nous fasse moins mal.

Continuez à utiliser les trois colonnes, même mentalement. Notez les faits, comme si vous deviez donner des consignes de tournage à un metteur en scène. Que se passe-t-il réellement, qu'est-ce qui est observable ? Dans la deuxième colonne, notez ce que vous avez ressenti et, dans la troisième, ce que vous vous dites en poussant les choses le plus loin possible.

Les faits	**L'émotion**	**Je pense**
Je téléphone à un collègue pour lui demander de l'aide concernant un dossier sur lequel j'ai des difficultés. Il me répond de façon laconique et parcimonieuse.	Après avoir raccroché, je suis triste.	« Je n'aurais pas dû l'appeler. De toute façon, je dois toujours me débrouiller seul(e). Aucun de mes collègues ne m'apprécie, je fais le vide autour de moi. »

Chiffrer

Évaluez à quel degré vous croyez à vos pensées automatiques et à quelle intensité est votre émotion. Vous pouvez ainsi graduer l'émotion sur 10 (10 étant attribué à l'émotion la plus forte que vous avez jamais eue). Puis évaluez votre degré de croyance dans la véracité de vos pensées sur 100 %.

La question à vous poser est : « À combien suis-je persuadé dans mes tripes que ma pensée automatique est fondée ? »

> Je suis triste à 7/10 et je suis persuadée à 80 % qu'aucun de mes collègues ne m'apprécie.

Calculer

Calculer consiste à chercher le nombre de fois où nous avons eu la même pensée dans le même genre de situation et le nombre de fois où la catastrophe que nous redoutions s'est réellement produite.

Il est important de chiffrer vos expériences de façon exhaustive afin de produire des faits impossibles à interpréter.

> Depuis que je fais ce travail, c'est-à-dire depuis cinq ans, j'ai eu environ sept fois la même pensée que personne ne m'apprécie et que je fais le vide autour de moi. Or au moins trois autres collègues m'ont aidée quand j'en ai eu besoin. Deux autres m'ont proposé des projets qui prouvent qu'ils me font confiance.

Émettre d'autres hypothèses

Émettre d'autres hypothèses consiste à rechercher d'autres manières d'interpréter la situation. Nous n'avons pas plus de certitudes concernant ces nouvelles hypothèses que concernant notre pensée automatique, mais, mathématiquement, plus il y aura d'hypothèses, plus la probabilité que notre pensée catastrophique soit vraie diminue.

— Il est mal dans sa peau.

Il s'est fait avoir quand il travaillait dans un autre service, de ce fait, il se méfie de tout le monde.

Il a peut-être des soucis dans sa vie privée.

Se souvenir précisément de la dernière fois où tout s'est bien passé

Il faut chercher à retrouver des circonstances où vous avez eu la même croyance, la même peur, la même impression et où rien de ce que vous croyiez ou redoutiez ne s'est produit. Il est extrêmement difficile de trouver un contre-exemple car, comme vous le savez, l'état émotionnel actuel favorise la libération de souvenirs enregistrés dans le même état émotionnel. Ce qui va vous venir spontanément à l'esprit, ce ne sont que des expériences similaires. Il faut fournir un gros effort pour « déstocker » d'autres types de souvenirs.

La dernière fois où j'ai eu peur qu'aucun de mes collègues ne m'apprécie, c'était en formation. Or tout s'était bien passé. Je me souviens même qu'un collègue avec qui j'avais discuté et que j'admire beaucoup m'a fait des compliments sincères sur mon nouveau projet.

Faire l'inspecteur Columbo

Dans la série du même nom, l'inspecteur Columbo a une impression dès les premières minutes de l'intrigue. Les deux heures qui suivent sont consacrées à la production des preuves. Faisons comme lui, fournissons des preuves de ce que nous avançons en nous documentant auprès des autres, en nous informant ou bien observant attentivement la réalité.

J'ai parlé avec quelqu'un de la façon parcimonieuse et laconique avec laquelle ce collègue m'a répondu. Cette personne le connaît bien. Elle m'a dit qu'il était comme ça avec tout le monde, qu'il se méfiait effectivement de tous, depuis son expérience malheureuse dans un précédent service.
Cela me permet d'atténuer ma croyance que son attitude « sèche » m'était personnellement adressée, et cela me fait moins mal.

Quand nous croyons que tout le monde nous regarde et nous trouve ridicule, que cela nous rend anxieux, levons les yeux, comptons combien de personnes sont présentes, combien nous observent réellement. Nous allons nous apercevoir qu'il n'y a à peu près que nous qui soyons aussi attentif à nos faits et gestes. Les autres sont comme nous, ils s'auto-observent.

Quand nous pensons être le ou la seule à ne pas parvenir à faire une tâche, documentons-nous sur les processus d'apprentissage. Un enfant sait-il faire du vélo la première fois qu'il monte dessus. Nos collègues n'ont-ils pas en des ratés quand ils ont commencé dans cette entreprise ? Ne sont-ils pas passés par les mêmes phases que nous ?

Si certains « se la jouent » aujourd'hui, n'est-ce pas le signe qu'ils manquent de confiance en eux et qu'ils doutent à ce point d'eux-mêmes qu'ils ont besoin de « faire les coqs » ?

Repérer la distorsion

En vous référant à la page 40, identifiez quelle distorsion cognitive vous avez opérée.

Dans cette interprétation de l'attitude de mon collègue au téléphone, j'ai effectué une *généralisation* à l'ensemble de mes collègues et de mon entourage. J'ai *maximalisé* le problème en me disant que je devais **toujours** me débrouiller seul(e). J'ai *personnalisé* en pensant que son attitude m'était uniquement destinée.

Réévaluer

Nous pouvons maintenant refaire une estimation de notre degré de croyance et de l'intensité de notre émotion.

Après cet examen de mon scénario catastrophe, mon degré de croyance est à 30 %, et ma tristesse passe de 7 à 4 sur 10.

Comme dans l'exemple qui précède, la remise en question de ses pensées est rarement radicale ; il restera toujours de l'émotion et un certain taux de croyance. Il y a aussi souvent une partie de vrai dans ce que nous croyons. Ce collègue m'a sans doute un peu dans le pif. Mais moins que je le pensais.

Prenons un autre exemple

Les faits : le plombier que j'attends depuis plusieurs semaines (j'avais eu un mal fou à en trouver un) me laisse un message téléphonique m'annonçant que ses tarifs ont augmenté de 20 % et qu'il ne prendra pas en charge la réparation du système d'arrivée d'eau de la baignoire.

Ce que je ressens : je suis hors de moi. Ma colère est à 9/10.

Ma pensée automatique : il me prend pour une vache à lait, il se fiche de moi. Je me fais toujours avoir par les artisans parce que je suis une femme.

Furieuse, j'essaie immédiatement de le rappeler pour l'incendier. Je prévois de lui demander pour qui il me prend. C'est occupé.

J'en profite pour essayer de travailler un peu mes pensées.

Pensées plus réalistes :

- En tout, j'ai eu affaire vingt-cinq fois à des artisans depuis dix ans et je me suis fait avoir quatre fois.

- La dernière fois, quand j'ai fait faire des travaux, tout s'est bien passé.
- C'est vrai qu'à la base les tarifs de ce plombier n'étaient pas très élevés.
- J'appelle un ami homme qui me confirme les tarifs.
- J'ai généralisé à tous les artisans, et j'ai personnalisé en me persuadant que c'était lié au fait que je suis une femme.

Ma colère est passée de 9 à 5, ce qui m'a permis d'en garder suffisamment pour me sentir légitime dans mes revendications et pas trop pour ne pas lui tomber dessus à bras raccourcis. J'ai pu le rappeler et négocier calmement, sans agressivité.

En résumé

Le travail sur la remise en questions des pensées automatiques n'est pas un moyen magique qui va, brusquement, faire passer notre tristesse, notre colère ou notre peur par exemple de 9 à 0. Son intérêt est de se conjuguer avec les autres moyens de façon à multiplier les points d'impact sur l'émotion.

Quelles que soient les stratégies utilisées, il faut s'attendre à garder une partie de l'émotion, celle qui sera utile pour nous pousser à agir !

➤ *En s'exerçant à agir autrement*

La modification de nos comportements, dans la réalité, est une étape clé pour parvenir à un changement.

En agissant, nous agissons sur les autres

Avec les autres, nous avons tendance à oublier que nous sommes dans un système INTÉRACTIF, que **ce que nous faisons a une influence sur ce que font les autres**.

Hugo est un homme réservé, qui n'a pas confiance en lui. Quand, avec sa femme, ils reçoivent des amis, il se soustrait de la conversation, pensant que cela ne change rien au repas, que, pour les autres, c'est comme s'il n'était pas là. Or son attitude modifie le système, modifie la soirée. Sa femme lui en veut, et les personnes présentes ne sont pas très à l'aise. La conversation n'atteindra pas la profondeur, le niveau de proximité qu'il aimerait trouver avec des amis. Il en est en partie responsable, mais il n'en a pas conscience.

Nous ne sommes pas des objets auxquels on peut seulement faire du mal ou faire plaisir, qu'on peut désirer ou rejeter. Nous aussi, nous faisons mal ou plaisir et, nous aussi, nous avons le droit de désirer et de rejeter. *We've got the power !*

À titre d'expérience, pensez à ce voisin ou à ce collègue grincheux qui ne vous dit jamais bonjour. Essayez un matin, avec votre plus grand sourire, de lui dire bonjour en soutenant son regard et de lui demander comment il va. Vous serez probablement surpris de son changement d'attitude.

En pratique

— Listez les personnes avec lesquelles vous avez le sentiment de subir quelque chose (supérieur hiérarchique, relations, partenaire...).

— Déterminez pour chacune ce que vous lui reprochez (froideur, hauteur, dédain, dirigisme...).

— Observez votre propre attitude avec ces personnes et dans quelle mesure vous êtes vous-même ouvert, sans *a priori*, actif...

— Essayez d'adopter une attitude différente.

— Observez l'impact sur la relation.

— Observez vos nouvelles émotions.

Ne plus faire toujours plus de la même chose[58]

Dans certaines situations, nous nous sentons complètement impuissant à changer quoi que ce soit. Nous avons tout essayé. Rien ne bouge.

> Ainsi, Géraldine se plaint que son conjoint ne prend pas assez de responsabilités dans le couple. Elle lui en a déjà parlé cent fois. Et son conjoint lui a répondu cent fois qu'il allait y faire attention, mais rien n'a changé.
> Géraldine en parle avec défaitisme et ne sait plus quoi faire.
> Mais comment Géraldine agit ou réagit-elle face à l'absence de prise de responsabilités de son mari ? Elle a tendance à essayer de compenser. Elle en prend plus. Mais, plus elle en prend, moins il en prend. Et c'est un cercle vicieux.
> Comment sortir du système ? En arrêtant de « faire toujours plus de la même chose[59] ».
> Le seul moyen, pour Géraldine, de tenir compte de ses émotions négatives et éventuellement de faire changer son conjoint, c'est de prendre moins de responsabilités. Être chargée de la vaisselle la rase, car elle fait toutes les corvées ménagères. Lâcher cette responsabilité, ce n'est pas demander à son conjoint de la faire, car déléguer, c'est encore être responsable. Lâcher la responsabilité, c'est ignorer la vaisselle sale qui traîne dans l'évier pendant quelques jours jusqu'à ce que le seuil de tolérance de son mari (visiblement différent du sien) soit atteint et qu'il sente qu'en dehors de lui cette tâche ne préoccupe personne.

Ce n'est pas l'autre qui nous maintient dans un système qui nous fait souffrir, mais nous-même.

En pratique

— Faites le point sur ce qui vous pèse.
— Détaillez, dans les reproches que vous faites aux autres, ce qu'ils font trop et ce qu'ils ne font pas assez.

— Observez de quelle manière vous essayez de compenser.
— Arrêtez de compenser et faites-vous plaisir.
— Observez vos nouvelles émotions.

Initier l'action

Une des choses les plus difficiles quand on doit agir est de s'y mettre[60]. Ce qui rend l'initiation de l'action souvent impossible, c'est l'ampleur de la tâche.

Si, un matin, je me fixe comme objectif de ranger ma maison, il y a toutes les chances pour que je traîne au lit. Au fond de moi, je sais que je n'arriverai pas à tout ranger. Même si je m'y mettais, je serais en échec car je n'aurais pas fini. Donc, à tant faire, autant rester au lit. Sauf qu'au lieu des émotions positives, escomptées cela donne lieu à des émotions négatives, et je n'en profite pas, j'ai mauvaise conscience, je me traite de fainéante.

QUAND JE NE REUSSIS PAS À FAIRE CE QUE JE VEUX FAIRE À CE N'EST PAS MOI QUE JE DOIS REMETTRE EN QUESTION MAIS MON PLANNING.

Donc, le lendemain, je planifie de ranger ma chambre et, si je ne parviens toujours pas à m'y mettre, je planifie encore à la baisse, c'est-à-dire que je me prévois juste le tiroir de ma table de nuit. Le soir, j'aurai une première expérience de réussite, motrice pour poursuivre le lendemain.

En pratique

— Listez vos grands objectifs.
— Divisez-les en petites tâches réalisables.
— Regardez ce que vous avez déjà fait et non ce qu'il vous reste à faire.
— Observez vos nouvelles émotions.

Maintenir l'action

L'autre facteur qui constitue un frein à l'action, c'est l'absence de plaisir à la perspective de la tâche. Quand la perspective est plaisante, nous n'avons généralement pas de mal à agir. Quand ce que nous avons à faire demande un effort, c'est plus dur.

Il faut établir une balance court terme-long terme et une balance plaisir-autosatisfaction.

Si je ne traite pas mes papiers administratifs : à court terme, je serai tranquille, je serai dans le plaisir immédiat, mais, à long terme, je risque d'avoir quelques soucis. M'occuper de ces papiers administratifs ne me fait pas plaisir mais je serai content(e) de moi si j'ai réglé ce problème.

Souvent, nous remarquons ce que nous n'avons pas fait et nous considérons ce que nous avons fait comme normal, sans mérite. Attention, nous courons vers **l'impuissance apprise** (voir p. 44).

Pour maintenir une action, après l'avoir morcelée en petites tâches, il faut chaque jour se pousser à **être conscient de ce qu'on a fait** de bien.

En pratique

Sur le cahier, notez chaque jour ce que vous êtes fiers d'avoir réalisé et graduez à « combien » vous êtes content de vous. Vous développez vos émotions positives.

Prendre des risques

Lorsque l'on ne prend pas de risques, on souffre moins à court terme, mais on finit par s'ennuyer.

Pour ne pas s'ennuyer et pour profiter plus à fond du temps qui passe, on peut effectuer chaque jour un petit changement dans ses habitudes. Qui dit changement dit stress, qui dit stress dit émotion, qui dit émotion dit souvenirs :

- nouvelle coiffure,
- nouveau trajet,
- nouveau magasin,

– nouveau plat,
– petit jeu auquel on n'avait jamais joué avec ses enfants,
– ….

Agir comporte une part de risques. Changer a un coût émotionnel immédiat. Chez tout le monde.

C'est l'expérience qui compte, non la finalité. C'est d'avoir dépassé ma peur et d'être allée vers des gens qui m'impressionnaient qui est important. S'ils me répondent du bout des lèvres, c'est peut-être qu'ils n'ont pas confiance en eux, qu'ils ont des problèmes de transit, qu'ils sont frileux dans les relations, autant d'hypothèses dont je n'aurai jamais la preuve mais qui seront moins nuisibles à mon ego, moins toxiques pour mes émotions et plus dynamisantes pour faire mieux la prochaine fois. Prendre la vie comme un jeu ?

TROISIÈME PARTIE

Les émotions des autres

CHAPITRE 8

Les émotions de nos proches

Avant de terminer et pour rassembler nos nouvelles connaissances, si nous faisons un petit détour par notre rapport aux émotions de ceux qui nous entourent.

Comment réagissons-nous quand nos enfants souffrent, par exemple ?

Et, dans la relation à deux, quels idéaux « émotionnels » avons-nous ?

Enfin, essayons de voir ce que l'on peut attendre d'un psy et quel rapport il peut bien avoir lui-même avec les émotions.

Les émotions de nos enfants

Il est très difficile de voir son enfant souffrir, et nous, les parents, avons souvent une phobie des émotions de nos enfants.

Nous culpabilisons de les voir tristes, et nous nous remettons en cause au lieu de considérer l'expression de leur tristesse comme adaptative et nécessaire pour leur permettre de passer à autre chose. Qui ne s'est pas senti un mauvais parent la première fois qu'il a laissé son enfant chez une nounou et que celui-ci s'est mis à pleurer ?

Comme pour nous, la tristesse de notre enfant va lui permettre de s'adapter à quelque chose d'inéluctable. Il va pleurer quelques minutes, puis il va se mettre à jouer.

Notre enfant est un être humain, il va être amené à ressentir des émotions négatives. Quoi que nous fassions. Même si nous lui offrons un environnement idéal. Il va devoir nous quitter pour aller à l'école, il va devoir souffrir de ne pas toujours obtenir ce qu'il désire, ses petits camarades ne vont pas toujours être tendres avec lui, il va se décourager face à des difficultés dans telle ou telle matière scolaire…

Un petit peu comme dans ce roman de Boris Vian dans lequel la maman construit un bunker de béton autour de son enfant pour le protéger des maladies, des nuisances, nous aurions envie d'isoler notre enfant de toute source d'émotion négative. Pour le protéger.

Nous cédons quand il pleure parce que nous n'aimons pas qu'il soit triste. Nous arrêtons de l'emmener à la musique parce que le solfège l'ennuie. Nous nous fâchons contre la petite voisine qui lui a piqué son jouet et qui l'a mis en colère.

Et là, nous sommes à côté de la plaque.

Notre rôle en tant que parent n'est pas de protéger absolument l'enfant de la souffrance, mais surtout d'être là pour l'aider à faire avec.

Christelle est une maman affectueuse. Sa fille a, depuis quelques jours, des problèmes avec son groupe de copines qui la rejette. Cela lui rappelle ses propres problèmes d'intégration qui l'ont fait beaucoup souffrir. Christelle est plutôt timide. Elle a souvent le sentiment de ne pas être intéressante. Quand sa fille revient de l'école, elle la voit triste et en difficulté. Elle va la chercher de plus en plus tôt et elle envisage de la changer d'école.

Aide-t-elle réellement sa fille ?

Je n'ai pas la réponse. Laisser son enfant dans un environnement hostile et ne pas tenir compte de ses émotions n'est pas une bonne chose, et je comprends la peine de Christelle.

Toutefois, sa fille peut-elle expérimenter ses capacités à faire face ? Sa maman n'est-elle pas en train de lui apprendre l'évitement, stratégie de régulation émotionnelle efficace à court terme mais non à long terme ?

Concomitamment, en thérapie, Christelle apprend à donner de l'importance à ses propres émotions, à les écouter, à les exprimer, à s'en servir, à reconnaître les situations qui réveillent des douleurs du passé. D'elle-même, elle a modifié son attitude envers sa fille. Elle s'est mise à la questionner avec empathie. Elle lui a demandé ce qui s'était passé exactement, ce qu'elle avait ressenti, quelle attitude elle avait eue et ce que cette attitude lui avait apporté, les autres possibilités qu'elle voyait pour résoudre le problème.

Ses questions ont permis à sa fille de circonscrire le problème et de sortir de la généralisation « je suis nulle, personne ne s'intéresse à moi ». Sa fille s'est sentie comprise. Elle n'a plus eu le sentiment que ses douleurs submergeaient sa mère. Elle s'est confiée plus facilement. Christelle a suivi l'affaire sans se substituer à sa fille dans la résolution de ses problèmes. Finalement, sa fille s'est volontairement séparée de ses « fausses » copines et a reconstitué un groupe d'amies.

Nous ne devons pas cautériser nos propres maux au travers de nos enfants, car nous risquons de générer chez eux un autre type de difficulté.

L'attitude que nous allons avoir avec leurs émotions va influencer leurs capacités ultérieures à y faire face.

• Si nous sommes indifférent à ce qu'ils ressentent, ils traiteront probablement, à l'âge adulte, leurs émotions avec indifférence, en culpabilisant d'accorder de l'importance à des choses qui n'en ont pas eu pour leurs parents.
• Si nous mélangeons nos émotions avec les leurs, nous risquons de les surcharger de problèmes auxquels leur âge ne leur permet pas de faire face, et ils risquent de développer un schéma du type « je n'ai pas le droit d'être heureux ».
• Si nous ne nous occupons d'eux que quand ils sont malades, ils risquent de penser que la seule souffrance digne d'intérêt est la souffrance physique. De là à ce qu'ils soient tout le temps malades !

En pratique, que faire ?

— Accepter que nos enfants aient des émotions[1]. Accepter qu'ils pleurent, qu'ils soient en colère, qu'ils aient peur. Ne pas être inquiet car c'est normal.
— Leur témoigner de la compassion[2].
— Émettre des hypothèses[3] (et non des affirmations) sur ce qu'ils ont pu ressentir de manière à leur apprendre le langage des émotions.
— Les questionner de façon ouverte (avec qui, où, quand, comment cela s'est-il passé ?) pour les aider à raccorder les expériences émotionnelles à des situations et non à leur personnalité.
— Intégrer et leur faire comprendre que les émotions sont utiles, qu'elles les amènent à tester de nouvelles stratégies.
— Leur faire différencier, toujours par des questions, l'intérêt à court terme et à long terme des stratégies qu'ils essaient de mettre en place.
— Ne pas avoir peur de dire non quand il y a lieu. En vous sacrifiant pour votre enfant, vous risquez d'en faire un adulte qui, lui aussi, se sacrifiera ou au contraire quelqu'un de tellement exigeant qu'il fera fuir tout le monde.
— Être soi-même à l'écoute de ses émotions. Les enfants imitent ce qu'ils voient.

Les émotions dans le couple

Les divergences dans le couple sont courantes.

Or on a parfois dans la tête des « normes » concernant le couple : « Un vrai couple, ce sont les mêmes envies au même moment, c'est être d'accord sur tout. »

On développe ainsi une phobie du conflit, le conflit étant interprété comme le signe que rien ne va plus, que notre couple ne tient pas la route.

C'est le cas de Frédéric, qui est marié depuis trois ans à Nathalie. Quand Nathalie désire quelque chose, il se plie en quatre pour la satisfaire. Quand elle fait ou dit quelque chose qu'il n'apprécie pas, il prend sur lui, il ne dit rien. Il commence à en vouloir à Nathalie et à se demander s'il a choisi la bonne personne.

Un couple, ce sont deux personnes avec des passés différents, des goûts différents, des envies différentes. Les premiers mois sont souvent des mois de fusion au cours desquels rien n'est important que la présence de l'autre. Mais, ensuite, vient l'ajustement à l'autre. Et les ajustements génèrent souvent du stress et des émotions négatives.

Quand Nathalie met la musique fort le matin au réveil, cela agace Frédéric qui aime entendre les informations à faible volume. Si Frédéric ne dit rien, les chances que Nathalie comprenne ce qui agace Frédéric sont nulles. Si Frédéric accumule plusieurs agacements comme ceux-ci, ses émotions négatives vont croître et durer. Il envisage de se séparer de Nathalie. « Notre couple ne marche pas. »

Les oppositions, les différences créent des émotions négatives qui permettent des ajustements, qui permettent au couple d'évoluer. Sans cela, on risque de se réveiller un matin avec le sentiment d'un tel décalage avec l'autre qu'on ne palpite plus et que l'on n'a, en effet, plus rien en commun. Tout est une affaire de mesure. Les problèmes viennent du « trop » ou du « pas assez ».

En pratique :

• Identifiez vos émotions positives et négatives en présence de votre partenaire.

• Communiquez-les de façon constructive, les positives mais aussi les négatives, sans trop attendre afin d'éviter l'effet bazooka défoliant.

• Recherchez des compromis satisfaisants entre ses désirs et les vôtres.

• Remettez en question vos croyances sur le fonctionnement idéal du couple :

— Pensez par exemple à ce couple qui avait l'air idéal, lisse, en parfaite harmonie, qui vient de vous annoncer un divorce qui surprend tout le monde.

— Dites-vous que les émotions, c'est stimulant, l'absence d'émotions, c'est l'ennui.

— Pensez à cette expérience dans laquelle la consigne est donnée à des gens de cacher leurs émotions et à sa conclusion : ils sont perçus comme moins attachants[4].

CHAPITRE 9

Les émotions et les psys

Effondrement d'un mythe

Quand on éprouve le besoin de se faire aider, on a recours à un « psy ». Le psy nous écoute, nous pose des questions, nous donne éventuellement des explications, voire des conseils.

Le psy a souvent l'air tellement maître de lui qu'on a tendance à imaginer qu'il ne pleure jamais, qu'il a des émotions étales, qu'il se contrôle parfaitement en toutes circonstances, qu'il n'est jamais rattrapé par son passé… Finalement, il arrive qu'on se sente inférieur parce que l'on est souvent le jouet de ses émotions.

On a généralement affaire à quelqu'un de tellement calme, posé et réfléchi qu'on se demande s'il ressent parfois des émotions négatives.

La réponse est OUI.

Un psy est comme tout le monde, il ressent des émotions.

Un psy éprouve de la tristesse, peut connaître des difficultés conjugales, peut se mettre en colère avec ses enfants. Certains, dont je fais partie, sont morts de trac quand ils doivent parler en public. Les psys sont parfois fatigués. Ils ne savent pas toujours faire face à leurs émotions, ils les expriment peut-être encore moins que les autres, et il leur arrive souvent de les éviter en tenant, par exemple, des discours exclusivement scientifiques ou des propos péremptoires et dogmatiques.

Il en va des psys comme des autres personnes ; il existe de grandes différences individuelles dans leur profil émotionnel ou dans leur manière de faire face aux émotions.

Une étude[1] s'est amusée à observer les relations entre les facultés d'empathie et l'intérêt pour les différentes spécialités médicales chez des étudiants en première année de médecine. Les résultats montrent que les étudiantes ont plus d'empathie que les étudiants et que, par ailleurs, une plus grande tendance à l'empathie est corrélée avec le choix de spécialités tournées vers les personnes, en opposition aux spécialités tournées vers les procédures, les techniques (une façon d'éviter les émotions ?).

Il existe des psys tournés uniquement vers les procédures. Ce ne sont pas forcément de mauvais psys. Ce sont des psys rigoureux, avec lesquels on apprend des choses. Cela peut être tout à fait adapté, si c'est ce dont on a besoin.

Une bonne relation thérapeutique, c'est-à-dire une relation optimale avec notre psy pour avancer, c'est une bonne adéquation entre sa personnalité et la nôtre, entre ce qu'il est, ce pour quoi il est doué et nos propres besoins et attentes.

Si nous nous sentons moyennement bien avec le psy, cela ne veut pas dire que nous ne sommes pas à la hauteur, cela veut seulement dire que ce n'est pas la bonne personne pour nous.

Un psy n'est pas en mesure d'aider tout le monde. Il y a certaines personnes avec qui, de par ses émotions, il ne parviendra pas à établir un niveau suffisant d'empathie[2].

En tant que patient, il faut se fier à son sentiment, dans les premiers contacts, d'être compris. Sentons-nous que le psy est capable de comprendre notre problématique, qu'il est capable de se mettre à notre place ? Ce n'est pas parce que ma meilleure amie en a dit beaucoup de bien qu'il sera adapté pour moi.

Le bon psy : ni amant ni réfrigérateur

De plus en plus, lorsque nous allons voir un psy, nous prenons soin de nous renseigner préalablement sur le type de méthodes qu'il pratique. Est-il psychanalyste, fait-il de la Gestalt, des thérapies cognitives et comportementales… ? Quelles sont les bonnes techniques ? Notre idée est que, grâce aux moyens qu'il va utiliser, ou grâce à la théorie à laquelle il se réfère, nous allons aller mieux ou nous allons changer. Or, contrairement à ce que nous croyons, 70 %[3] du changement produit n'est pas lié aux techniques mais à la qualité de la relation thérapeutique[4], c'est-à-dire à la qualité de la relation entre lui et nous. Nous avons vu que le soulagement de nos émotions ne vient pas seulement du fait de les exprimer, mais de l'empathie avec laquelle elles sont reçues.

Or certains psys défendent une complète neutralité comme relation thérapeutique idéale.

Je parle à mon psy d'un abandon que je suis en train de vivre, qui me fait ressentir une détresse très intense. Il ne me répond presque rien. Il reste neutre. Loin de m'aider à comprendre quoi que ce soit, il me laisse surtout repartir de la séance plus mal et plus triste que je n'y suis arrivée. Non seulement je vais ressentir un sentiment d'abandon plus intense, mais je vais aussi éprouver de la colère et un sentiment d'injustice d'avoir dû payer pour ça.

Quel est le gain émotionnel ?

Un psy complètement neutre, qui ne renvoie rien[5], c'est parfois inutile, voire contre-productif.

À l'inverse, un psy trop proche en face de soi, cela peut mettre mal à l'aise. Si un psy encombre son patient avec ses problèmes non digérés, le materne à outrance, l'agresse, le soumet, il faut fuir à toutes jambes. La moindre des choses que l'on demande à un psy, c'est d'établir une distance affective minimale. C'est aussi indispensable pour le patient que pour le psy.

Les devoirs d'un psy sont de réguler ses émotions et de modérer un minimum leur expression. Ce n'est pas obligatoire, et tous les psys ne le font pas, mais voir un psy quand on est psy est plutôt conseillé[6].

La recherche montre que les facteurs d'échec des thérapies liés au thérapeute sont l'incapacité à exprimer de l'empathie et des niveaux différents de proximité émotionnelle[7] entre le patient et le thérapeute.

Encore une fois, il n'y a pas un « bon psy » universel.

Une personne méfiante sera mal à l'aise si le psy est chaleureux. À l'inverse, une personne ayant souffert de carences affectives souffrira de l'attitude distante de son psy.

Un bon psy est donc un psy professionnel qui peut être chaleureux, quelqu'un d'accessible par lequel vous vous sentez compris.

Qu'est-ce qu'une bonne psychothérapie ?

Qu'attendons-nous quand nous allons voir un psy ? Aller mieux, moins souffrir. Ce qu'il faut en attendre, c'est surtout de mieux savoir faire face à nos émotions, car aucune psychothérapie ne supprimera les émotions négatives, dût-elle durer trente ans. Attendre pour achever une thérapie d'être dans un état émotionnel neutre ou perpétuellement positif est malheureusement un leurre. On peut peut-être obtenir ce résultat avec une lobotomie ? Et encore.

Ce que l'on doit attendre d'une psychothérapie, c'est d'augmenter notre bien-être (voir p. 77), c'est-à-dire de diminuer la quantité ou l'intensité de nos émotions négatives et d'augmenter celles de nos émotions positives.

Quels moyens doit-elle mettre à notre disposition pour y parvenir ?

Une psychothérapie qui nous pousserait inlassablement à revenir sur le passé peut-elle avoir un impact sur notre façon d'agir actuelle[8] ?

Une psychothérapie dans laquelle nous ne travaillerions que sur nos comportements serait-elle suffisante pour évacuer nos émotions issues du passé ?

Comme nous le savons maintenant, pour modifier ses émotions, il faut apprendre à changer ses comportements, à remettre en question ses pensées, à écouter et réguler ses sensations corporelles, à digérer émotionnellement son passé, à accepter certains coûts émotionnels générés par des changements.

Une bonne psychothérapie est donc une psychothérapie qui aide à faire tout cela, qui aide à ressentir, à réfléchir, à agir, en un mot, à vivre.

Conclusion

Vivre l'instant, accepter ce que l'on ressent, aimer ce que l'on est, savoir que le temps fera aussi son œuvre.

Écoutez Henri Salvador

« J'ai vu
Des matins
De joie de chagrins
De rires et d'envies
De peines et de bonheur dans ma vie

J'ai cru
Être au bout de l'aventure
Mais mon cœur lui me murmure
Qu'il y a tant de rêves à vivre encore »

« J'ai vu » extrait de l'album
« Chambre avec vue », 2001
M. Modo/H. Salvador.

Notes

Première partie
Prendre conscience de ses émotions

Chapitre premier
Comprendre la nature de nos émotions

1. Cabanac M., « What is emotion ? » *Behav Processes*, 2002, 60,2, p. 69-83.

2. Cosnier J., *Psychologie des émotions et des sentiments*, Éditions Retz, Psychologie Dynamique, 1994, p. 44-45.

3. Bourgeois M. & Paulhan I., *Stress et coping, les stratégies d'ajustements à l'adversité*, PUF, 1995.

4. American Psychiatric Association, *DSM IV, Critères diagnostiques*, Washington DC, Traduction française par Guelfi J. D. *& al.* Masson, Paris, 1994, 1996, 384 p.

5. Goethe, *Faust*, Éditions Librio, 154 p.

6. Damasio A. R., *Spinoza avait raison : joie et tristesse, le cerveau des émotions*, Odile Jacob, mai 2003.

7. Frijda N., « The laws of emotion », *American Psychologist*, 1998, 43, 5, 349-358.

8. Stemmler G., *Physiological processes during emotion*, *In The regulation of emotion* edited Philippot P. & Feldman R. S., Lawrence Erlbaum Associates, 2004, 33-70.

9. Philippot P., *La Régulation des émotions*, Thèse d'agrégation de l'Enseignement supérieur en sciences psychologiques, Université catholique de Louvain, 2003.

10. Le Breton D., *Les Passions ordinaires, Anthropologie des émotions*, Petite Bibliothèque Payot.

11. Philippot P., « The perception of bodily sensations during emotion : a cross cultural perspective », *Polish Journal of social Psychology*, 1997.

12. Stanislavski C., *La Formation de l'acteur*, Payot, 1963.

13. Paquet D., « Prolégomènes à une analyse du moi de l'acteur », *Études psychothérapiques*, n° 2, 1987.

14. Hebb D. O., « Emotion in man and animal : an analysis of the intuitive processes in the recognition », *Psychological Review*, 1946, 53, 88-106, Cité par Ledoux J. : *Le Cerveau des Émotions*, Odile Jacob, 2005.

15. Philippot P. & Rimé B., « The perception of bodily sensations during emotion : a cross cultural perspective », *Polish Journal of social Psychology*, 1997.

16. Breugelmans S. M. *& al.*, « Body sensations associated with emotions in Raramuri Indians, rural Javanese, and three student samples », *Émotion*, 2005, 5, 2, p. 166-74.

17. Le Breton D., *Les Passions ordinaires, anthropologie des émotions*, Petite bibliothèque Payot, 2004, p. 206-207.

18. Levenson *& al.*, « Emotion and autonomic nervous system activity in the Minangkabau of West Sumatra », *Journal of Personality and Social Psychology*, 1992, 62, 972-988.

19. Vallins S., « Cognitive effects of False Heart-Rate Feedback », *Journal of Personality and Social Psychology*, 1966, 4, 400-408.

20. Rusinek S., *Les Émotions, du normal au pathologique*, Dunod, 2004.

21. Rusinek S., *op. cit.*

22. Aaron E. N., *Ces gens qui ont peur d'avoir peur, Mieux comprendre l'hypersensibilité*, Éditions de l'Homme, 2005.

23. Philippot P., Chapelle C. & Blairy S., « Respiratory feedback in the generation of emotion », *Cognition & Emotion*, 2002, 16, 605-627.

24. Artaud A., *Le Théâtre et son double*, Œuvres complètes, t. IV, Gallimard, 1964.

25. Zohar D., Tzischinsky O., Epstein R., Lavie P., « The effects of sleep loss on medical residents'emotional reactions to work events : a cognitive-energy model », *Sleep*, 2005, 28, 1, 47-54.

26. Protopopescu X. & al, « Orbitofrontal cortex activity related to emotional processing changes across the menstrual cycle », *Proc Natl Acad Sci USA*. 2005, 1, 102(44) : 16060-5. Epub 2005 Oct 24.

27. Aaron E. N., *op. cit.*

28. André C. & Muzo, *Petits Complexes et grosses déprimes*, Seuil 2004, p. 130-132.

29. Lavoisier-Mérieux L. M., *De l'efficacité des stratégies de communication publicitaires menaçantes : une étude de la relation entre émotions négatives et persuasion dans le domaine de la lutte contre l'insécurité routière*, 3rd International Congress Marketing Trends, 2002.

30. Damasio A. R., Grabowski T. J., Bechara A., Damasio H., Ponto L. L., Parvizi J., Hichwa R. D., « Subcortical and cortical brain activity during the feeling of self-generated emotions », *Nat Neurosci*, 2000, Oct ; 3(10) : 1049-56.

31. Cottraux J., *Les Thérapies comportementales & cognitives*, Masson, Collection médecine et psychothérapie, 1995, p. 50-51.

32. Vallerand R. J., *Les Fondements de la psychologie sociale,* Montreal, G. Morin Editeur, 1994.

33. Harvey J. H. & Weary G., *Current issues in attribution theory and research, Perspectives on attributionnal processes*, Dubuque, 1981.

34. Martin Krumm C., *Style explicatif et performance motrice, Comment le style attributionnel influence la performance motrice et la réussite en éducation physique et sportive*, Thèse docteur en sciences, 2002.

35. Weiner B., « A theory of motivation for some classroom experiences », *Journal of Educational Psychology*, 1979, 713-725.

36. Famose J. P., *La Motivation en éducation physique et en sport*, A. Colin, 2001.

37. Nolen-Hoeksema S., Girgus J. S., « The emergence of gender differences in depression during adolescence », *Psychol Bull.*, 1994, May ; 115 (3) : 424-43.

38. Nolen-Hoeksema S., Girgus J. S., Seligman M. E., « Predictors and consequences of childhood depressive symptoms : a 5-year longitudinal study », *J Abnorm Psychol*, 1992, Aug ; 101 (3) : 405-22.

39. Cutler S. & Nolen-Hoeksema S., « Accounting for sex differences in depression through female victimization, Childhood sexual abuse », *Sex Roles*, 1991, 24, 425-438.

40. Jaycox L. H., Reivich K., Gilham J. & Seligman M. E. P., « Prevention of depressive symptoms in school children », *Behavior Research and Therapy*, 1994, 32, 801-816.

41. Seligman M. E. P., *Helplessness : on depression, development and death*, San Francisco, Freeman, 1975.

42. Hiroto D. S., « Locus of Control and Learned Helplessness », *Journal of Experimental Psychology*, 1974, 102, 187-193.

43. Cottraux J., *op. cit.*, 48-50.

44. Frijda N. H., *The Emotions*, Cambridge University Press, 1986, p. 85-86.

45. Philippot P., Baeyens C., Douilliez C. & Francart B., *Cognitive regulation of emotion : application to clinical disorders*, Version électronique, 2004, 47 p.

46. Rolland J. P., « Modèles psychologiques du stress », *Pratiques psychologiques*, 1999, 4, 99-122.

47. Plutchik R., *Emotion : a psychoevolutionary synthesis*, NY, Harper & Row, 1980.

48. Izard C. E., Libero D. Z., Putman P. & Haynes O. M., « Stability of emotion experiences and their relations to traits of personality », *Journal of Personality and Social Psychology*, 1993, 64, 5, 847-860.

49. Frijda N. H., *op. cit.*

50. Albert E. & Emery J. L., *Le manager est un psy*, Éditions d'organisation, 1998.

Chapitre 2
D'OÙ VIENNENT NOTRE TRISTESSE, NOTRE PEUR ET NOTRE COLÈRE ?

1. André C., Lelord F., Légeron P., *Le Stress*, Privat, 1998.

2. Graziani P., Hautekeete M., Rusinek S. & Servant D., *Stress, anxiété et trouble de l'adaptation*, Masson, 2001.

3. Discussion de travail avec André C. 2005.

4. Holmes T. H. & Rahe R. H., « The social readjustment rating scale », *Journal of Psychosomatic Research*, 1967, 11, 213-218.

5. Seguin Sabouraud A., *Revivre après un choc, Comment supporter le traumatisme psychologique*, Odile Jacob, 2001.

6. Brillon P., *Comment aider les victimes de stress post-traumatique ? Manuel à l'usage des thérapeutes*, Éditions Quebeccor, 2005, 450 p.

7. American Psychiatric Association : DSM IV.

8. Signon F., *L'État de stress post-traumatique chez les grands brûlés, À propos de 14 patients*, Thèse de doctorat en médecine, Bordeaux, 1998.

9. Joseph S., Brewin C. R., Yule W. & Williams R., « Causal attributions and psychiatric symptoms in adolescent survivors of disaster », *Journal of Child Psychology and Psychiatry*, 1993, 34, 247-253.

10. Brillon P., Marchand A., Stephenson R., « Conceptualisations étiologiques du trouble de stress post-traumatique : description et analyse critique », *RFCCC* ; 1996, 1-13.

11. Vernier P. & Vincent J. D., « Le rôle majeur des émotions », *Science et vie*, n° 195, juin 1996.

12. Frijda N., *op. cit.*

13. Damasio A. R., *L'Erreur de Descartes*, Odile Jacob, 2000, 396 p.

14. Philippot P., Baeyens C., Douilliez C. & Francart B., *op. cit.*

15. Alexander K. W. *& al.*, « Traumatic impact predicts long term memory for documented child sexual abuse », *Psychol Sci*, 2005, 16, 1, 33-40.

16. Kagan J. *Des idées reçues en psychologie*, Traduction T. Loisel, Odile Jacob, 2000.

17. Young J. E., Klosko J. S., Weishaar M. E., *Schema's therapy, a practitioner's guide*, Guilford Press, 2003, p. 12.

18. Young J. E., *Klosko & Weishaar : La thérapie des schémas*, Éditions De Boeck, p. 40.

19. Young J. E., Klosko J. S. & Weishaar M. E., *La Thérapie des schémas, Approche cognitive des troubles de la personnalité*, Éditions De Boeck, p. 40-41.

Chapitre 3
FAIRE PLUS AMPLE CONNAISSANCE AVEC SOI-MÊME

1. Urper-Ouakil D., Gasman I., Bouvard M., Michel G., Perez-Diaz F. and Mouren-Siméoni M. C., « Évaluation du tempérament de l'enfant d'âge scolaire : adaptation française du questionnaire des dimensions de tempérament révisé (DOTS-R), relations entre évaluateurs, entre instruments de mesure et liens avec la psychopathologie », *Annales Médico-psychologiques*, 2002, 160, 7, pp. 518-526.

2. Pelissolo A., Rolland J. P., Perez-Diaz F., Jouvent R., Allilaire J. F., *L'Évaluation dimensionnelle des émotions en psychiatrie : validation du questionnaire Émotionnalité Positive et Négative à 31 items (EPN-31)*, Encéphale (sous presse).

3. Rolland J. P., *Inventaire EPN*, Document polycopié, Département de Psychologie, Université de Paris X, Nanterre, 1998.

4. Diener E. *& al.*, « Subjective well-being : three decades of progress », *Psycho Bull*, 1999, 125, 276-302.

5. Pelissolo A., Rolland J. P., Perez-Diaz F., Jouvent R., Allilaire J. F., *op. cit.*

6. Rolland J. P., « Le bien-être subjectif : revue de questions », *Pratiques Psychologiques*, 2000, 1, 5-21.

7. Eysenck S. B. G., Eysenck H. J. & Barett P., *Extrait du questionnaire de personnalité d'Eysenck, forme révisée*, traduction Dupont H., Disfriend C. & Bouvard M., 1985.

8. Lu L. & Shih J. B., « Personality and happiness : is mental health a mediator ? » *Personality & individual Differences*, 1997, 22, 249-256.

9. Mc Crae *& al.*, « Age differences in personality across the adult life span : parallels in five cultures », *Developmental Psychology*, 35, 466-477.

10. Olson K. R., « Engagement and self-control : superordinate dimensions of big five traits », *Personality and Individual Differences*, 2005, 38, 1689-1700.

11. Hahusseau S., *Troubles de la personnalité et thérapie cognitive et comportementale : revue de littérature*, Thèse pour le diplôme d'état de docteur en médecine, Université Bordeaux II, 1997, Th n° 3039.

12. Eysenck S. B. G., Eysenck H. J. & Barett P., *op. cit.*

13. Rolland J. P. & De Fruyt F., « The validity of FFM personality dimensions and maladaptive traits to predict negative affects at work : a six months prospective study in a military sample », *Eur J. Personality*, 2003, 17, S101-S121.

14. Borkenau P., « Implicit personality theory and the five-factor model », *J. Pers.*, 1992, 60, 2, 295-327.

15. Pauls C. A., *Physiological consequences of emotion regulation : taking into account the effects of strategies, personality and situation*, *In The regulation of Emotion* Philippot P. & Feldman R. S., 2004, p. 333-358.

16. Aaron E., *op. cit.*

17. Aaron E., *op. cit.*

18. Kelly E. L. & Conley J. J. Conley, « Personality and compatibility : a prospective analysis of marital stability and marital satisfaction », *Journal of Personality & Social Psychology*, 1987, 52, 1, 27-40.

19. Bolger N. & Schilling E. A., « Personality and the problems of everyday life : the role of neuroticism in exposure and reactivity to daily stressors », *J. Pers.*, 1991, 59(3) : 355-86.

20. Bouvard M., *Questionnaires et échelles d'évaluation de la personnalité*, Masson, Médecine et psychothérapie, 1999, p. 13-20.

21. Phillips L. H., Allen R., « Adult aging and the perceived intensity of emotions in face across stories », *Aging Clin Exp Res*, 2004, 16, 3, 190-199.

22. Mc Crae *& al.*, « Nature over nurture : temperament, personality, and life span development », *Journal of Personality and social Psychology*, 2000, 78, 173-186.

23. Aaron E., *op. cit.*

24. Bouvard M., *op. cit.*, p. 180.

25. Bradley B., Mogg K., Galbraith M. & Perrett A., « Negative recall bias and neuroticism : state vs trait effects », *Behav. Res. Therapy,* 1993, 31, 1, 125-127.

26. Rolland J. P., *op. cit.*

27. Delerm P., *Petites Gorgées de bière et autres plaisirs minuscules*, Éditions l'Arpenteur, 1997.

28. *Classification Internationale des Maladies*, 10e édition.

29. Bouvard M., *op. cit.*, p. 124.

30. Bandelow B., Krause J., Wedekind D., Broocks A., Hajak G., Ruther E., « Early traumatic life events, parental attitudes, family history, and birth risk factors in patients with borderline personality disorder and healthy controls », *Psychiatry Res,* 2005, 15 ; 134(2) : 169-79.

31. Jovev M. & Jackson H. J., « Early maladaptive schemas in personality disordered indivus », *J Personal Disord*, 2004, 18, 5, 467-478.

32. Linehan M., *Manuel d'entraînement aux compétences pour traiter le trouble de personnalité état-limite*, Médecine & Hygiène, 2000.

33. Keegan E., « A cognitive approach of the borderline personality disorder », *Vertex*, 15, 58, 287-294.

34. Linehan M., *op. cit.*

35. Paulhan I. & Bourgeois M., *Stress et stratégies pour faire face : les stratégies d'ajustement à l'adversité*, PUF, 1995, p. 48.

36. Virtanen M., Kivimäki M., Elovainio M., Vahtera J., Kokko K. and Pulkkinen L., « Mental health and hostility as predictors of temporary employment : Evidence from two prospective studies », *Social Science & Medicine*, 2005, 61, 10, p. 2084-2095.

37. André C. *& al.*, *Le Stress*, Privat.

38. Costa P. T., McCrae R. R. & Zonderman A. B., « Environmental and dispositional influence on well-being : longitudinal follow-up of an American sample », *British journal of Psychology*, 1987, 78, 299-306.

39. Sifneos P. E., « The Prevalence of "alaxithymic" characteristics in psychosomatic patients », *Psychotherapy and Psychosomatics*, 1973, 22, 255-62.

40. Loas *& al.*, « Prévalence de l'alexithymie en population générale chez 183 sujets tout venant et chez 203 étudiants », *Annales Médico-Psychologiques*, 1995, 153, 5, 355-357.

41. Guilbaud *& al.*, « L'alexithymie dans les conduites de dépendance et chez le sujet sain, valeur en population française et francophone », *Annales médico-Psychologiques*, 160, 77-85.

42. Corcos M. & Speranza M., *Psychopathologie de l'alexithymie*, Éditions Dunod, 2003.

43. Berenbaum H. & Irvin S., « Alexithymia, anger rand interpersonal behavior », *Psychother, Psychosom*, 1996, 65, 203-208 cité par Bouvard M.

44. Taylor G. J., Bagby R. M. & Parker J. D. A., *Disorders of affect regulation*, Cambrige, UK : Cambrige University Press, 1997.

45. Spitzer C., Siebel-Jurges U., Barnow S., Grabe H. J., Freyberger H. J., « Alexithymia and interpersonal problems », *Psychother Psychosom*, 2005, 74(4) : 240-6.

46. Bouvard M., *op. cit.*

47. Taylor G. J., Bagby R. M. & Parker J. D. A., *op. cit.*

48. Waller E. & Scheidt C. E., « Somatoform disorders as disorders of affect regulation ; a study comparing the TAS 20 with non self report measures of alexithymia », *J Psychosom Res*, 2004, 57, 3, 239-247.

49. Kang S. M. *& al.*, « Culture-specific patterns in the prediction of life satisfaction : emotion, relationship quality, and self esteem », *Pers Soc Psychobull*, 2003, 29, 12, 1596-1608.

50. Bagby R. M., Parker J. D. A. & Taylor G. J., *Toronto Alexithymia Scale*, Traduction Marchand M. P. & Loas G., 1994.

51. Bermond B. & Vorst H., traduction B. Rimé, Autorisation à l'adresse suivante Dr B. Bermond, Faculteit der Psychologie, Universiteit van Amsterdam, Roeterstraat 15, 1018 WB Amsterdam, The Nederlands.

52. Guilbaud O., Corcos M., Chambry J., Paterniti S., Flament M., Jeammet P., « Vulnérabilité psychosomatique et troubles des conduits alimentaires », *Annales Médico-Psychologiques*, 1999, 157, 390-401.

53. Bourke M. P., Taylor G. J., Parker J. D. & Bagby R. M., « Alexithymia in women with anorexia nervosa, A preliminary investigation », *British Journal of Psychiatry*, 1992, 161, 240-243.

54. Taieb O., Corcos M., Loas G., Speranza M., Guilbaud O. & col., « Alexithymie et dépendence à l'alcool », *Annales de Médecine Interne*, 2002, 153, suppl n° 3, 1S51-1S60.

55. Corcos M. & Speranza M., *Psychopathologie de l'alexithymie*, Dunod, 2003, 130-132.

56. Keller D. S., Caroll K. M., Nich C. *& al.*, « Alexithymia in cocaine abusers », *American Journal of Addictions*, 1995, 4, 234-244.

57. Corcos M. & Speranza M., *op. cit.*, 141-151.

58. Bouvard M., *op. cit.*

59. Lemche E. *& al.*, « Mentalizing language development in a longitudinal attachment sample : implications for alexithymia », *Psychother Psychosom*, 2004, 73, 6, 366-374.

60. Lane R. D. & Ahern G. L., Schwartz G. E., Kaszniak A. W., « Is Alexithymia the Emotional equivalent of blindsight ? », *Biological Psychiatry*, 1997, 42, 834-844.

61. Taylor C. B. & Altman T., « Priorities in prevention research for eating disorders », *Psychopharmacol Bull*, 1997, 33, (3) : 413-417.

62. Corcos M. & Speranza M., *op. cit.*, p. 221-228.

63. Rufer M. *& al.*, « A prospective study of alexithymia in obsessive-compulsive patients treated with multimodal cognitive-behavioral therapy », *Psychother Psychosom.*, 2004, 73, 2, 101-106.

64. Ogrodniczuk J. S. *& al.*, « The negative effect of alexithymia on the outcome of group therapy for complicated grief : what role might the therapist play ? », *Comprehensive Psychaitry*, 2005, 46, 206-213.

65. Spitzer C., Siebel-Jurges U., Barnow S., Grabe H. J., Freyberger H. J., *op. cit.*

66. Campell-Sills L., Barlow D. H., Brown T. A. & Hofmann S. G., « Appraisal and regulation of emotion in anxiety and mood disorders », In preparation, Communication personnelle Barlow AFTA (oct 2005), 2005.

67. Greenberg L. S. & Paivio S. C., *Working with emotions in psychotherapy*, The Guilford Press, 2003.

68. Hayes S. C. *& al.*, « Experiential avoidance and behavioral disorders : a functional dimensional approach to diagnosis and treatment », *Journal of Consulting and Clinical Psychology*, 1996, 64, 1152-1168.

69. Cottraux J., *Les Ennemis intérieurs*, Odile Jacob, 1998, p. 46-47.

70. Barlow D., Communication personnelle AFTA, oct 2005.

71. Purdon C., « Thought suppression and psychopathology », *Behavior Research and Therapy*, 52, 17-20.

72. Philippot P. *& al.*, « Le travail des émotions en thérapie comportementale et cognitive, Vers une psychothérapie expérientielle », *Cahiers critiques de thérapie Systémique*, 29, 87-122.

73. CIM 10.

74. DSM IV.

75. Brown T. A., Barlow D. H., « Dimensional versus categorical classification of mental disorders in the fifth edition of the Diagnostic and Statostical Manual of Mental Disorders and beyond : comment on the special section », *J. Abnorm Psychol*, 2005, 114, 4, 551-556.

76. Pour tout savoir sur ces traitements, leurs effets, leur plus ou moins grande inocuité, il existe un très bon livre écrit par Antoine Pelissolo : *Se soigner avec les médicaments psys*, paru chez Odile Jacob.

77. Lee S. J., Miller H. A., Moon J., « Exploring the Forensic Use of the Emotional Recognition Test (ERT) », *Int J Offender Ther Comp Criminol*, 2004, 48, 6, 664-682.

DEUXIÈME PARTIE

Apprendre à mieux vivre les émotions négatives

Chapitre 4
NOS ÉMOTIONS NÉGATIVES : DES ALLIÉES

1. Damasio A., *op. cit.*

2. Fridja N. H., *op. cit.*

3. Pickel, K. L., « Unusualness and threat as possible causes of "weapon focus" », *Memory*, 1998, 6, 277-295.

4. Harris C. R. & Pashlera H., « Enhanced Memory for Negatively Emotionally Charged Pictures Without Selective Rumination », *Emotion*, 2005, 5, 2, p. 191-199.

5. Rusinek S., *op. cit.*

6. Greenberg L. S. & Paivio S. C., *Working with emotions in psychotherapy*. The Guilford Press, 1997.

7. André C. & Lelord F., *La Force des émotions*, Odile Jacob, 2003.

8. Freud S., *Deuil et Mélancolie*, 1917.

9. Faure C., *Vivre le deuil au jour le jour*, Éd Albin Michel, 215-247.

10. Bourgeois M, Verdoux H., « Deuil. Clinique et pathologie. Encycl Méd Chir, Éditions Techniques (Paris-France) », *Psychiatrie*, 1994, 37-395-A-20, 8 p.

11. André C., *op. cit.*, p. 147-186.

12. Taylor S., « Anxiety Sensitivity : Theoritical Perspectives and Recent Findings ». *Behav. Res. Ther.*, 1995, 33, 3, 243-258.

13. Greenberg L. S. & Paivio S. C., *Working with emotions in Psychotherapy*, 1997, The Guilford Press.

14. Nunge O. & Mortera S., *Gérer ses émotions*, Éditions Jouvence, 1998.

15. Piaget J., « Les relations entre l'intelligence et l'affectivité dans le développement de l'enfant » *in* B. Rimé, K. Schere, *Les Émotions*, Neuchâtel, Delachaux & Niestlé, 1989, p. 75.

16. Damasio, 1994.

17. Cyrulnik B., *Sous le signe du lien*, Hachette Pluriel, 1997.

18. Letor C., *Intelligence émotionnelle et pratiques pédagogiques en contexte de professionnalisation de l'enseignant : représentations sociales d'acteurs pédagogiques au Chili*, Thèse de Docteur en Sciences de l'éducation. Université Catholique de Louvain la Neuve, 2003.

19. Goleman D., *L'Intelligence émotionnelle*, Robert Laffon, 1999.

20. Mayer J. D. & Salovey P., « What is emotional intelligence ? », *in* P. Salovey & Sluyter D. (eds). *Emotional Development and emotional Intelligence. Implications for educators*, NY Basic Books, 1997.

21. Letor Caroline, *Intelligence émotionnelle et pratiques pédagogiques en contexte de professionnalisation de l'enseignat : représentations sociales d'acteurs pédagogiques au Chili*, Thèse de doctorat en sciences de l'éducation. Louvain la Neuve, 2003.

22. Goleman D., *L'Intelligence émotionnelle* 2, Traduction Roche D., J'ai Lu, 2003.

23. Albert E. & Emery J. L., *op. cit.*

24. Albert E. & Emery J. L., *op. cit.*

25. Ver Issimo R., « Emotional intelligence : from Alexithymia to Emotional Control », *Acta Med Port*, Nov-Dec, 2003, 16 (6) : 407-11.

26. André C., *Vivre Heureux. Psychologie du bonheur*, Odile Jacob.

27. Zenasni F. & coll., « Traits émotionnels, intelligence émotionnelle : intérêts de ces concepts et étude de leurs interrelations », *Psychologie & Neuropsychiatrie congitives*, 2003, 1, 4, 19-27.

28. Ciarrochi J., Scott G., Deane F. P. & Heaven P. C. L., « Relations between social and emotional competence and mental health : a construct validation study », *Personality and Individual Differences*, 2003, 35, 8, 1947-1963.

Chapitre 5
Identifier les facteurs qui amplifient les émotions négatives

1. Gross J. J., « Emotion Regulation in Adulthood : Timing is Everything », *Psychological Science*, dec 2001, 10, 6, 214-219.

2. Kramer U., « La mesure du coping : une revue clinique des instruments », *JTCC*, 2005, 15, 2, 46-54.

3. Paulhan I. & Bourgeois M., *op. cit.*

4. Cohen S. & Edwards J. R., *Personality characteristics as moderators of the relationship between stress and disorder in RWJ Neufeld (ed) Advances in the investigation of psychosocial stress*, New York, Wiley, 1989.

5. Watzlawick P., Weakland J. & Fisch R., *Changements, paradoxes et psychothérapie*, Éditions du Seuil, 1975.

6. Gross J. J., « Emotion regulation : affective, cognitive and social consequences », *Psychophysiology*, 2002, 39, 281-291.

7. Barlow D. H., Allen L. B. & Choate M. L., « Towards a unified treatment for emotional disorders », *Behavior Therapy*, 35, 205-230.

8. Paulhan I., Nuissier J., Quintard B., Cousson F. & Bourgeois M., « La mesure du stratégies pour faire face, Traduction et validation de la version française de l'échelle de Vitaliano », *Annales médico-psychologiques*, 1994, 152 (5) : 292-299.

9. Butler E. A. & Gross J. J., « Hiding Feelings in social contexts : out of sight is not out of mind », *in The regulation of Emotion*, Edited Phillipot P. & Feldman R.S., 2004, p. 101-126.

10. Fischer A. H., Manstead A. S. R. *& al.*, « Motives and norms underlying emotion regulation », *in The Regulation of emotion* Philippot P. & Feldman R.S., p. 187-210.

11. Hess U. *& al.*, « Facial appearance, gender, and emotion expression », *Emotion*, 2004, 4, 4, 378-388.

12. Zech E. & Rimé B., « Is talking about an emotional experience helpful ? Effects on emotional recovery and perceived benefits », *Clin. Psychol. Psychotherapy*, 2005, 12, 270-287.

13. Gross J. J., « Antecedent and response-focused emotion regulation : divergent consequences for experience, expression, and psysiology », *Journal of Personality and Social Psychology*, 1998, 74, 224-237.

14. Batson C. D. & Shaw L. L., « Evidence for Altruism ; toward a pluralism of prosocial motives », *Psychological Inquiry*, 1991, 2 (2), 107-122.

15. Denollet J. *& al.*, « Personality as independent predictor of long term mortality in patients with coronary heart disease », *The Lancet*, 1996, 347, 417-421.

16. Williams K. E., Chambless D. L. & Ahrens A., « Are emotions frightening ? An extension of the fear of fear construct », *Behav. Res. Ther*, 1997, 35, 3, 239-248.

17. Holstege G., « Women's orgasms are a turn-off for the brain », *New Scientist magazine*, 2005, 25 June, 2505, p. 14.

18. Hopper A., *Maternal report of emotional response duration in young children's developmental psychology,* Presented at Undergraduate Research Conference, 2004.

19. Clark D. M., « A cognitive approach to panic », *Behavior Research and Therapy*, 1986, 24, 461-470.

20. Marchand A. & Letarte A., *La Peur d'avoir peur*, Stanké A., 3ᵉ ed, 2005.

21. Mihaescu G., Séchaud M. C. *& al., Précis de thérapie comportementale et cognitive*, Éditions Médecine & Hygiène, 1998.

22. Williams K. E., Chambless D. L. & Ahrens A., « Are emotions frightening ? An extension of the fear of fear construct », *Behav. Res. Ther*, 1997, 35, 3, 239-248.

23. Heide F. J. & Borkovec T. D., « Relaxation-induced anxiety : Mechanisms and theoretical implications », *Behavior Research and Therapy*, 1984, 22, 1-12.

24. André C. & Legeron P., *La Peur des autres*, Éditions poche Odile Jacob, 2003.

25. Sanderson & coll., « Syndrome Comorbidity in patients diagnosed with DSM III-R anxiety disorders », *Journal of Abnormal Psychology*, 1990, 99, 308-312.

26. American Psychiatric Association, *Diagnostic and Statistical Manual of Mental Disorders*, 4th Ed, Washington, DC, 1994.

27. Williams K. E., Chambless D. L. & Ahrens A., *op. cit.*

28. Williams, K. E., Chambless, D. L., & Ahrens, A., *Affective Control Scale* Version originale anglaise : *Behaviour Research and Therapy*, 1997, 35, 239-248.

29. Leblanc, R., Lamy, P., Cheval, I., *Échelle de contrôle affectif. Traduction franco-québécoise (validation en cours),* Seidah A., & Dugas, M. J., Université Concordia et Hôpital du Sacré-Cœur, Montréal, Québec, Canada, 2005.

Chapitre 6
Retracer son parcours émotionnel

1. Golse B., *Le Développement affectif et intellectuel de l'enfant*, 3ᵉ édition, Masson, Médecine et Psychothérapie, 1994.

2. Gardner H., *Frames of mind, The thory of multiple intelligences*, NY, Basic Books, 1983.

3. Piaget cité par Golse B., *op. cit.*

4. Ferguson T. J., Stegge H., Eyre H. L., Vollmer R., Ashbaker M., « Context effects and the (mal)adaptive nature of guilt and shame for children », *Genet Soc Gen Psychol Monogr*, 2000, 126, 3, 319-345.

5. Lane R. D. & Schwartz G. E., « Levels of emotional awareness : A cognitive-developmental theory and its application to psychopathology », *American Journal of Psychiatry,* 1987, 144, 133-43.

6. Saleptsi E. *& al.*, « Negative and positive childhood experiences across developmental periods in psychiatric patients with different diagnoses, An explorative study », *BMC Psychiatry*, 2004, 26, 4, 1, 40.

7. Saarni C. & Harris P. L., editors, *Children's understanding of emotion*, Cambridge University Press, New York, 1989.

8. Saarni C. & Harris P. L., *op. cit.*

9. MacDonald K. & Parke R. D., « Bridging the gap : parent-child play interaction and peer interactive competence », *Child Development*, 1984, 55, 1265-1277.

10. Garner P.W., « Toddlers' emotion regulation behaviours : the roles of social context and family expressiveness », *The Journal of Genetic Psychology*, 1995, 156, 417-430.

11. Denham S. A. *& al.*, « Socialization of preschoolers's emotion understanding », *Developmental Psychology*, 1994, 30, 928-936.

12. Colwell M. J. *& al.*, *The role of mothers in the socialization of young children's emotional competence*, Paper presented at the biennial meeting of the conference on Human Development, Memphis, 2000, april 14-16.

13. Cassidy J., Parke R. D., Butkovsky L., & Braungart J. M., « Family-peer connections : The roles of emotional expressiveness within the family and children's understanding of emotions », *Child Development*, 1992, 63, 603-618.

14. Dunn J. & Brown J., « You can cry, mum : the social and developmental implications of talk about internal states », *British Journal of Development, Pscychology*, 1991, 9, 237-256.

15. Fabes R. A., Eisenberg N., « Young children's coping with interpersonal » anger, *Child Dev*, 1992, 63 (1) : 116-128.

16. Levesque J. *& al.*, « Neural basis of emotional self regulation in childhood », *Neuroscience*, 2004, 129, 2, 361-369.

17. Piaget J.-P., *Études sur la logique de l'enfant*, 5e Éd, Delachaux et Niestlé, Neufchâtel Paris, 1962 & 1963.

18. Ledoux J., *Le Cerveau des émotions*, Odile Jacob, 2005.

19. Young J., *op. cit.*

20. Cottraux J., *Les Visiteurs du soi*, Odile Jacob, 2004.

21. Kilpatrick K. L., « The parental empathy measure : a new approach to assessing child maltreatment risk », *Am J Ortho Psychiatry*, 2005, 75(4) : 608-20.

22. Kivijarvi M. & coll, « Maternal Sensitivity behavior and infant crying, fussing and contented behavior : the effect of mother's experienced social support », *Scand J Psychol.*, 45 (3) : 239-46.

23. Pryce C. R. *& al.*, « Evidence for altered monoamine activity and emotional and cognitive disturbance in marmoset monkeys exposed to early stress », *Ann N Y Acad Sci*, 2004, 1032, 245-249.

24. Bowlby J., *Attachement et perte 2. La séparation, l'angoisse et le colère*, PUF, 3e ed, 1998.

25. Cyrulnik B., *Mémoire de singe et paroles d'homme*, Hachette Pluriel, 1983.

26. Bowlby J., *Attachement et perte 1. L'attachement*, PUF, 5e ed, 2002.

27. André A. & Lelord F., *L'Estime de soi, S'aimer pour mieux vivre avec les autres*, Odile Jacob, 2001.

28. Paquette D., Laporte L., Bigras M. & Zoccolillo M., « Validation of the frech version of the CTQ and prevalence of the history of maltreatment », *Santé Mentale Québec*, 2004, 29, 1, 201-220.

29. Hahusseau S., *Comment ne pas se gâcher la vie*, Odile Jacob, 2003.

30. Cousineau P., *communication personnelle,* Ajaccio, journées régionales AFTCC, mai 2005.

31. Young & Klosko, *Je réinvente ma vie*, Éditions de l'Homme.

32. Hahusseau S., *op. cit.*

33. Nordahl H. M. *& al.*, « Early maladaptive Schemas in patients with or without personality disorders : does schema modification predict symptomatic relief », *Clinical Psychology and Psychotherapy*, 2005, 12, 142-149.

34. Pour plus d'outils, voir aussi Hahusseau S., *op. cit.*, p. 87-112.

35. Young J. E., traduit par Fantini, 1994.

36. Bouvard M., *op. cit.*

37. Young J. E., Klosko J. S. & Weishaar M. E., *La Thérapie des schémas, Approche cognitive des troubles de la personnalité*, Éditions De Boeck, Carrefour des Psychothérapies, Bruxelles, P41, 2005.

38. Hahusseau S., *op. cit.*

39. Young J. E. & Klosko J. S., *op. cit.*

Chapitre 7
METTRE EN PLACE DES STRATÉGIES POUR MIEUX VIVRE NOS ÉMOTIONS NÉGATIVES

1. Den Boer P. C., Wiersma D., Van den Bosch R. J., « Why is self-help neglected in the treatment of emotional disorders ? A meta-analysis », *Psychol Med*, 2004, 34, 6, 959-971.

2. Miller G. A., « The magical number seven, plus or minus two : some limits on our capacity for processing information », *Psychological Review*, 1956, 63, 81-97.

3. Wendy K. Alforda, John M. Malouffa, and Kristy S., « Written Emotional Expression as a Coping Method in Child Protective Services Officers, Osland, School of Psychology », *International Journal of Stress Management*, 2005, 12, 177-187.

4. Petrie K. J. *& al.*, « Effect of written emotional expression on immune function in patients with human immunodeficiency virus infection : a randomized tria », *Psychosom Med*, 2004, 66, 2, 272-275.

5. Pennebaker, J. W., « Putting stress into words : health, linguistic, and therapeutic implications », *Behavior Research and Therapy*, 1993, 31, 539-548.

6. Esterling B. A., L'Abate L., Murray E. J., Pennebaker J. W., « Empirical foundations for writing in prevention and psychotherapy : mental and physical health outcomes », *Clin Psychol Rev.*, jan 1999, 19(1) : 79-96.

7. Philippot P., Baeyens C. & Douillez C., *Specifying emotional information. Modulation of emotional intensity vi executive processes*. In revision. Communication personnelle, sept 2005, Roquevidal, 2005.

8. Waller E., Scheidt C.E., « Somatoform disorders as disorders of affect regulation ; a study comparing the TAS 20 with non-self-report measures of alexithymia », *J Psychosom Res*, 2004, 57, 3, 239-247.

9. Shapiro F., Forrest M., *Des yeux pour guérir* : *EMDR : la thérapie pour surmonter l'angoisse, le stress et les traumatismes*, Préface Sevan Shreiber D., traduction Mousnier Lompré F., Seuil, 2005.

10. Barlow & Craske, *Mastering Your Anxiety and Panic :* map 3. Paperback edition, 2000.

11. Young J. E., Klosko J. S., Weishaar M. E., *op. cit.*, p. 37.

12. Stark M. A., Manning-Walsh J., Vliem S., « Caring for self while learning to care for others : a challenge for nursing students », *J Nurs Educ.*, 2005, 44(6) : 266-70.

13. André C., *Imparfaits libres et heureux*, 2006, Odile Jacob.

14. Lawlor D. A. & Hopker S. W., « The effectiveness of exercice as an intervention in the management of depression : systematic review and meta-regression analysis of randomised controlled trials », *BMJ*, march, 2001, 322, (7289), 763-767.

15. Babyak M., Blumenthal J. A. *& al.*, « Exercice treatment for major depression : maintenance and therapeutic benefit at 10 months », *Psychosomatic Medecine*, 2000, 62, 5, 633-638.

16. Cungi C., *Savoir se relaxer*, Retz, 2003.

17. Thich Nhat Hanh, *La Plénitude de l'instant*, Savoir pratique Marabout, 1999.

18. Philippot P., Schaefer A., & Herbette G., « Consequences of specific processing of emotional information : Impact of general versus specific autobiographical memory priming on emotion elicitation », *Emotion*, 2003, 3, 270-283.

19. Baer R. A., « Mindfulness Training as a Clinical Intervention : A Conceptual and Empirical Review », *Clinical Psychology : Science and Practice*, 2003, 10.

20. Kabat-Zinn J., « Mindfulness-based interventions in context : Past, present, and future », *Clinical Psychology-Science and Practice,* 2003, 10, 144-156.

21. Thich Nhat Hanh, *Il n'y a ni mort ni peur : Une sagesse réconfortante pour la vie*, Traduction Coulin, M. Pocket, 2005.

22. Wilson D. L. *& al.*, « Eye Movement Desensitization and Reprocessing : effectiveness and autonomic correlates », *J. Behav. Ther. & Exp. Psychiat*, 27, 3, 219-229.

23. Bohart A. C. & Greenberg L., *EMDR and experiential therapy. In EMDR as an integrative psychotherapy approach,* Edited Shapiro F., 2002, p. 239 262.

24. Goldmann R. M., Greenberg L. & Pos A. E., « Depth of emotional experience and outcome », *Psychotherapy Research*, 2005, 15, 3, 238-249.

25. Wolpe J., *The Practice of Behavior Therapy*, New York, Peragon Press, 1982.

26. McCraty R., Atkinson M. & Bradley R. T., « Electrophysiological evidence of intuition : part 1. The surprise of the heart », *J Altern Complement Med*, 2004, 10, 1, 133-143.

27. Manuel Formation EMDR David Sevan Schreiber octobre 2004.

28. Schaefer A. and col., « Neural correlates of hot and "cold" emotional processing : a multilevel approach to the functional anatomy of emotion », *NeuroImage*, 2003, 18, 938-949.

29. Kensinger E. A., « Remembering emotional experiences : the contribution of valence and arousal », *Rev Neurosci*, 2004, 15, 4, 241-251.

30. Funnel C., « Empathy in the clinical context », *Contemp Nurse*, 1999, 8, 4, 142-145.

31. Greenberg S., *Emotion-focused therapy : coaching clients to work through their feelings,* Washington, DC. American Psychological Association Press, 2002.

32. Samoilov A. & Goldfried M. R., « Role of emotion in cognitive behavioural Therapy », *Clinical Psychology : Science and Practice,* 2000, 7, 391-393.

33. Goldman R. M. et Grenberg, 2006, *op. cit.*

34. Experts of diverse orientations explore the paradigm prism, *EMDR as an integrative psychotherapy approach*, Edited Shapiro F., 2002.

35. Barrowcliff A. L., Gray N. S., Freeman T. C. A., & MacCulloch, M. J., « Eye-movements reduce the vividness, emotional valence and electrodermal arousal associated with negative autobiographical memories », *Journal of Forensic Psychiatry and Psychology*, 2004, 15, 325-345.

36. Davidson P. R. & Parker K. C. H., « Eye movement desensitization and reprocessing (EMDR) : A meta-analysis », *Journal of Consulting and Clinical Psychology*, 2001, 69, 305-316.

37. Forbes D. *& al.,* « Eye Movement Desensitization and reprocessing in post-traumatic stress disorder : a pilot study using assessment measures », *Journal of behaviour Therapy and experimental Psychiatry*, 1994, 25, 113-120.

38. Lohr J. M. *& al.*, « The empirical status of the clinical application of eye movement desensitization and reprocessing », *Journal of Behavior Therapy and Experimental Psychiatry*, 1995, 26, 285-302.

39. Herbert J. D. *& al.*, « Science and pseudoscience in the development of EMDR : implications for clinical Psychology », *Clinical Psychology Review*, 2000, 20, 8, 945-971.

40. Young J. E., Klosko J. S. & Weishaar M. E., *op. cit.*, p. 31.

41. Guelfi J. D., Boyer P., Consoli S., Olivier-Martin O., *Psychiatrie*, PUF Fondamental, 2e ed., 1993, p. 415.

42. Liwag M. D. & Stein N. L., « Children's memory for emotional events : the importance of emotion-related retrieval cues », *J Exp Child Psychol*, 1995, 60, 1, 2-31.

43. Rusinek S., *op. cit.*

44. Ledoux J., *op. cit.*

45. Greenberg., *Working with Emotions in Psychotherapy*, *op. cit.*

46. Zech E., Rimé B. & Nils F., *op. cit.*, p. 157-185.

47. Jackson S. W., « Catharsis and abreaction in the history of psychological Healing », *Psychiatr. Clin North. Am*, 1994 17, 3, 471-491.

48. Cousineau P., *Conférence Ajaccio*, journées régionales AFTCC, mai 2005.

49. Servan Schreiber D., *Guérir le stress, l'anxiété et la dépression sans médicaments ni psychanalyse,* Robert Laffon, p. 201-218.

50. Bourgeois & Paulhan, *op. cit.,* p. 50.

51. Zech E., Rimé B. & Nils F., *op. cit.*

52. Baeyens C. & Philippot P., « La prévention secondaire du syndrome de stress post-traumatique : les débriefings psychologiques en question ? », *L'Encéphale*, 2003, In press.

53. Rimé B., Finkenauer C., Luminet O., Zech E. & Philippot P., *Social sharing of emotion : new evidence and new questions*, In W. Stroebe & M. Hewstone (Eds.), *European review of social psychology* (Vol. 9, pp. 145-189), Chichester, UK : Jhon Wiley & Sons, 1998.

54. Zech E., Rimé B. & Nils F., *op. cit.*

55. Philippot P., Schaefer A. & Herbette G., « Schematic versus propositional processing of emotional information : Impact of generic versus specific autobiographical memory priming on emotion elicitation », *Emotion*, 2003, 3, 270-283.

56. Watzlawick P., Beavin J. H. & Jackson D. D., *Une logique de la communication*, Seuil, 1979.

57. Servan Schreiber D., *op. cit.*, 2003.

58. Cungi C., *op. cit.*

59. Mihaescu G., Séchaud M. C., Delsignore A., Cottraux J., « Précis de thérapie comportementale et cognitive et glossaire des principales techniques », *Médecine & Hygiène*, 1998.

60. Watzlawick P., Weakland J. H. & Fish R., *Changements*, Points essais, 1981.

61. Watzlawick, *Changements*, *op. cit.*

62. André C. & Lelord F., *L'Estime de soi*, *op. cit.*

Troisième partie
Les émotions des autres

Chapitre 8
Les émotions de nos proches

1. Shamir-Essakow G., Ungerer J. A., Rapee R. M., Safier R., « Caregiving representations of mothers of behaviourally inhibited and uninhibited preschool children », *Dev. Psychol*, 2004, 40, 6, 899-910.

2. Adam E. K., Gunnar M. R. & Tanaka A., « Adult attachment, parent emotion and observed parenting behaviour : mediator and moderator models », *Child Dev*, 2004, 75, 1, 110-122.

3. Levine L. J., Stein N. L., Liwag M. D., « Remembering children's emotions : sources of concordant and discordant accounts between parents and children », *Dev Psychol*, 1999, 35, 3, 790-801.

4. Rimé & col., *Social sharing*, *op. cit.*

Chapitre 9
Les émotions et les psys

1. Hojat M., Zuckerman M., Magee M, Manglone S., Nasca T., Vergare M. and Gonnella J. S., « Empathy in medical students as related to specialty interest, personality, and perceptions of mother and father », *Personality and Individual Differences*, 2005, 39, 7, p. 1205-1215.

2. Lecomte C., Atelier journées AFTCC, Décembre, 2004.

3. Chambon O. & Marie-Cardine M., *Les Bases de la psychothérapie, Approche intégrative et éclectique*, Dunod, 1999.

4. Konzag T. A. *& al.*, « Psychotherapeutic relationship and outcome in psychotherapy with personality disorders », *Z Psychosom Med Psychother*, 2004, 50, 4, 394-405.

5. Claiborn C. D. & Goodyear R. K., « Feedback in psychotherapy », *J Clin Psychol*, 2005, 61, 2, 209-217.

6. Chambon & Marie-Cardine, *op. cit.*

7. Mihaescu G., *De l'erreur en psychothérapie*, Médecine & Hygiène, 2000.

8. Cottraux J., *Les Visiteurs du soi*, *op. cit.*

Quelques lectures pour en savoir plus

Sur la phobie sociale :
La Peur des autres de Christophe André et Patrick Légeron, Odile Jacob, 2000.

Sur les TOC :
Je ne peux m'empêcher de laver, vérifier, compter d'Alain Sauteraud, Odile Jacob, 2002.

Sur le trouble panique et l'agoraphobie :
Faire face aux paniques de Franck Peyré, Retz, et *La Peur d'avoir peur* d'Andrée Letarte et André Marchand, Stanké, 2005.

Sur le syndrome de stress posttraumatique :
Revivre après un choc d'Aurore Seguin Sabouraud, Odile Jacob, et *Se relever d'un traumatisme, réapprendre à vivre et à faire confiance* de Pascale Brillon, Québeccor.

Sur les troubles de la personnalité :
Comment ne pas se gâcher la vie de Stéphanie Hahusseau, Odile Jacob, 2003.

Sur les thérapies efficaces :
Les Visiteurs du soi de Jean Cottraux, Odile Jacob, 2004.

Sur les thérapies « complètes » :
Les Bases de la psychothérapie d'Olivier Chambon et Michel Marie-Cardine, Dunod, 1999.

Sur l'acceptation de soi tel que l'on est :
Imparfaits, libres et heureux de Christophe André, Odile Jacob, 2006.

En anglais

Sur les émotions :
The Regulation of Emotion de Pierre Philippot et Robert Feldman aux Éditions LEA.

Remerciements

À Yannick, Pierre et Lou pour leur amour et pour leur tolérance pendant cette année où j'ai été très absorbée par ce livre.

À Vanessa, ma petite sœur indispensable à mes émotions positives.

À mes parents pour leurs encouragements et leur affectueuse présence.

À Alain, Christine, Didier, Gwenaëlle, Jean, Lætitia, Rebecca, Sabine, Zoë pour leur patience, leur relecture attentive, leurs conseils.

À tous mes patients qui m'ont fait confiance.

À Colette Aguerre pour son éclairage différent, à Claude Penet pour son soutien amical et « pleinement conscient », à François Olivier et Pierre Lamy pour les échanges fructueux devant un bon verre de vin, à Antoine et Stéphanie Pélissolo.

À Pierre Philippot pour l'honneur qu'il m'a fait en préfaçant mon livre, et pour l'intérêt et la rigueur de ses travaux sur les émotions.

À Gaëlle Fontaine pour ses conseils judicieux.

À Christophe André, présent et bienveillant quelles que soient ses obligations.

À Odile Jacob pour l'occasion qu'elle me donne de m'exprimer sur des concepts que je juge importants et pour la confiance qu'elle m'accorde.

Table

Chapitre 5
IDENTIFIER LES FACTEURS QUI AMPLIFIENT
LES ÉMOTIONS NÉGATIVES

Chapitre 6
RETRACER SON PARCOURS ÉMOTIONNEL

Chapitre 7
METTRE EN PLACE DES STRATÉGIES
POUR MIEUX VIVRE
NOS ÉMOTIONS NÉGATIVES

Troisième partie
Les émotions des autres

Chapitre 8
LES ÉMOTIONS DE NOS PROCHES

Chapitre 9
LES ÉMOTIONS ET LES PSYS

Ouvrage proposé par Christophe André

Cet ouvrage a été imprimé sur du papier
dont les fibres de bois proviennent
de forêts durablement gérées

Cet ouvrage a été transcodé et mis en pages
par Nord Compo à Villeneuve-d'Ascq (Nord)

Cet ouvrage
a été achevé d'imprimer
sur les presses de la
Nouvelle Imprimerie Laballery à Clamecy
en janvier 2024

N° d'édition : 7381-2598-14 – N° d'impression : 312657
Dépôt légal : février 2011

Imprimé en France